유아교사를 위한

쉽고 재미있는

유아동요반주법

박주원 지음

光文閣
www.kwangmoonkag.co.kr

머리말

유아교육은 사회를 만드는 구성원의 첫 교육이며 유아들의 인성을 정립하는 가장 기본적인 교육이라고 할 수 있다.

유아교육에서 문화예술교육은 유아의 전인적 발달을 도와 언어 능력과 창의적인 사고력을 증진시키고 정서 지능을 함양시키는데 큰 효과가 있었음이 많은 연구들을 통하여 검증되었다. 문화예술교육 중에도 음악교육은 음을 소재로 하여 아름다운 악곡을 완성하는 것으로써 절대 음감과 리듬감이 대부분 형성되는 유아기에 상상력과 미적 경험을 하게 하며 창의적인 사고와 의사소통 등의 능력을 발달시키는 데 영향을 준다. 올바른 음악교육을 위해서는 유아 교사의 예술적 능력이 증진되도록 기량을 훈련하고 음악적 체험을 할 수 있도록 하는 교육이 필요하다.

반주는 피아노 등의 건반 악기를 이용하여 유아들이 부르는 동요의 멜로디와 화성을 함께 넣어 악곡의 표현을 더 효과적이게 하는 것이다. 반주의 실질적인 역할은 불완전한 유아들의 음정을 교정해 주고, 강약에 의한 생기 있는 리듬감과 풍부한 화성을 만들어 주며, 연령에 적합한 빠르기를 제공할 수 있는 것이지만, 교사가 음악 활동에서 유아들이 부르는 노래의 반주를 해줌으로써 교사와 유아가 함께 아름다운 음악을 완성했다는 성취감과 애정이 교육적으로 작용할 수 있기 때문에 유아들을 교육하는 데 많은 도움을 받을 수 있다.

피아노를 다루는 일은 유아의 음악 활동의 모든 영역에서 필요하지만, 특히 유아들의 생활이자 놀이인 동요교육에 흥미를 더해 주는 반주를 원활히 할 수 있도록 음악 기초 이론과 피아노 반주법을 익히는 것은 우수한 교사로 인정받는 일이라 할 수 있겠다.

본서는 크게 4부분으로 구성되어 있다. 1~7장까지는 반주를 위한 음악 기초 이론을 다루고 있고, 8장은 지금까지 익힌 기초적인 음악 이론을 바탕으로 조성별 기초 반주 실습을 단계

적으로 스스로 할 수 있도록 하였다. 9장은 박자 계열에 따라 반주형을 적용할 수 있는 기초 동요 반주를 만들어 악보화하고 연주해 볼 수 있도록 하였으며, 10장에서는 교육 현장에서 많이 사용하고 있는 유아 동요 반주곡들을 수록하였다.

이 책은 교육 현장에서 바로 적용할 수 있도록 구성하였는데, 그 특징은 다음과 같이 요약할 수 있겠다.

1. 모든 유아 교사에게 좀 더 정확하고 쉽게 접근할 수 있도록 음악 이론과 피아노 연주법에 대하여 기본적이고 필수적인 사항들을 요약, 정리하였다.
   반주를 잘하기 위해서는 연습에 들어가기 전에 그 보면(譜面)에 관한 정확한 지식의 습득이 전제된다. 박자와 리듬, 음악적 용어와 기호, 음정, 조성, 음계와 화성의 기본 지식으로 악보를 정확히 독보하여야 명확한 노래교육과 창작교육이 이루어질 수 있다.

2. 다양한 실습과 반주를 경험할 수 있도록 단순한 반주 형태에서 숙달이 필요한 반주 형태까지 모두 수록하였다. 유아 교사는 박자에 따른 다양한 반주 형태를 숙지하고 노래의 흐름이나 분위기, 특성에 따라 반주형을 선택하고 노래의 리듬 반주와 멜로디 반주를 자유롭게 적용, 연주할 수 있는 반주 능력을 습득하여야 한다.

3. 반주 형태를 동요곡에 적용해 보는 실습문제를 수록하였다. 전술한 바와 같이 멜로디만 있는 동요에 반주를 붙여 연주하기 위해서는 동요의 박자에 맞는 반주 형태를 선택하여야 하고 화성도 멜로디에 맞게 넣을 수 있어야 하므로 예시를 통한 반주 형태의 선택 연

습과 화음 선택 연습, 반주를 만들어 악보화 할 때 기보법에 맞게 악보를 그리는 연습을 함께 할 수 있도록 쉬운 동요부터 난이도가 있는 동요까지 단계별로 수록하였다.

4. 조성별 기초 반주 실습에서는 실습곡과 동요곡을 단계적으로 실습할 수 있도록 하였다.
각 조성별로 주요 3화음, 자리바꿈 화음, 마침 화음의 연습과 피아노 연주 시 손가락 테크닉을 위한 음계 연습을 수록하였고, 이어서 악곡에서는 계명 읽기와 화성 분석 – 화음 분석과 화음 반주 넣기 – 반주 패턴 넣기 – 운지법과 마침 화음 점검하기 등의 순서로 반주 패턴 적용에서 연주까지 알기 쉽게 제시하고 있다.

5. 코드에 익숙한 교사들을 위하여 코드 기호를 첨부하였다.
반주를 하는 방법에는 제시된 코드 기호를 인지하고 화음을 넣는 방법과 반주부를 적절한 화성과 반주 형태를 악보화 하여 연주하는 방법이 있다. 각자 피아노를 공부한 방법에 따라 각자에게 더 익숙한 방법이 있을 수 있지만, 두 가지 방법 모두 잘할 수 있으면 음악 활동에 좀 더 도움이 될 것이다. 반주 부분을 제시한 악보에서는 멜로디에 어울리는 안정된 화성과 피아노 연주에 무리가 없는 화음의 선택을 실습하도록 하고 있어 더욱 쉽게 반주할 수 있도록 하였다.

6. 반주 실습곡 부분에서는 가능한 교육 현장에서 유용하게 사용할 수 있는 동요들을 많이 수록하였다. 교육과학기술부에서 2013년 2월에 발행한 3, 4, 5세 누리과정 교사용 지도서에 수록된 곡들을 중심으로 반주를 붙여서 악보화 하였고, 그 외에도 유치원 교육 현장에서 익숙하게 불리고 있는 동요곡들에 반주를 첨부하여 수록하였다.

악기를 잘 다룬다는 것은 결코 쉽지 않은 일이다. 음악은 기분과 마음에 따라 소리 내고 표현하는 것이 아니라 음악 기본의 약속과 질서, 계획 속에서 다듬어진 음악을 완성할 때 아름다운 음악으로 완성되기 때문에 잘 연주하기 위해서는 다소 어려움이 있다.

그러나 지속적으로 관심을 가지고 꾸준히 훈련해 나가면 불가능한 일도 절대 아니다. '고진감래(苦盡甘來)'라는 고사성어나 '토끼와 거북이'와 같은 옛 전래 동화의 내용에서처럼 피아노를 다루는 일이 익숙해지기까지는 많은 고생이 따르지만 노력한 만큼 완성의 큰 기쁨과 즐거움을 주는 것이 바로 음악이다.

이 책에서 제시하는 대로 기초 이론을 잘 이해하고 화음의 원리와 적용을 숙지하여 단계적인 실습을 훈련한다면 교육 현장에서 부족함 없이 음악교육 활동을 할 수 있으리라 생각된다.

이 책을 집필하면서 유아 교사가 피아노 반주를 통해서 유아와 노래부르기 활동 및 음악적인 활동을 잘할 수 있도록 알기 쉽고 재미있는 내용으로 구성하려고 많은 노력을 하였으나, 미비한 점이 많을 것으로 생각된다. 앞으로 강의와 연구를 통해 더욱 좋은 내용으로 보완해 나가야 할 것이다.

이 책이 유아 교사의 역량을 키우는 데 조금이나마 도움이 되기를 바라며 이 책에 관심을 가지고 출판해 주신 광문각 박정태 회장님과 편집부 직원분들께 깊은 감사를 드린다.

2018. 2. 15

저자 박 주 원

차 례

제1장 음악의 본질

제2장 악보와 기보법

5. 음표와 쉼표

6. 박자와 마디

제3장 악보상의 용어와 표

1. 빠르기말

2. 셈여림표

3.악상의 주법에 관한 말과 표

제4장 음정(Interval)

제5장 음계(Scale)

제6장 조옮김

제7장 각 조의 주요 3화음과 화음 선택법

제8장 반주법

제9장 동요반주실습

제10장 유아동요반주곡

다장조

바장조

내림나장조

내림마장조

사장조

라장조

가장조

마장조

가단조

사단조

제1장 음악의 본질

1. 음(Tone)

(1) 음의 정의

음은 어떤 물체가 진동함으로써 생기는 공기의 전파(음파)가 청각에 도달되어 들리는 현상이다. (물체의 진동→공기의 진동→귀→음)

사람의 귀로 들을 수 있는 가청 주파수의 범위는 16c/s～20,000c/s이며 음악에서 쓰이는 음은 피아노 88건의 음역인 30c/s～4000c/s가량의 범위이다.

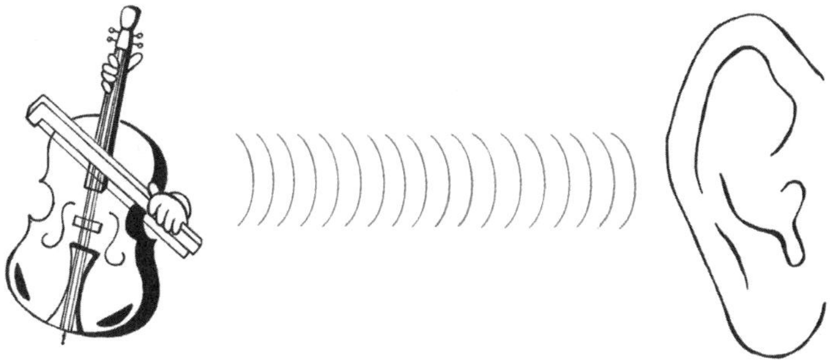

(2) 음의 종류

어떤 발음체가 진동했을 때 1초 사이에 되풀이되는 횟수를 진동수 또는 주파수라고 한다. 발음체의 진동이 단진동일 때는 순음(Pure tone)이라 하고, 기초음과 그 배음들을 포함한 복합음을 악음(musical tone)이라 한다. 음의 종류는 일반적으로 크게 발음체의 진동이 규칙적이며 일정한 높이로 고르게 울리는 악음과 진동의 상태가 불규칙적으로 시끄럽게 울리는 소음(noise)으로 나누어진다. 악음은 음이 지속되는 동안 같은 진동을 계속하는 경우에 생기는 음을 말하는 것이며, 일정한 높이를 알 수 있고 몇 개의 배음을 포함하고 있다. 대부분의 악기의 음과 사람이 목소리가 여기에 속하며 음악에 주로 쓰인다.

소음은 악음과는 반대로 진동이 불규칙하고 복잡하여 일정한 음의 높이가 없어서 그 소리의 성질을 뚜렷이 알 수 없는 음을 말한다. 생활 속에서 기구의 마찰에 의한 소리, 자연의 소리, 타

악기 소리 등은 소음에 속하지만 현대에서는 소음도 구체 음악, 전자 음악, 전위 음악과 같은 새로운 장르의 음악에서 활용되고 있다.

(3) 음의 성질

음에는 발음체의 진동 상태에 따라 음의 높이(pitch), 음의 길이(duration), 음의 세기인 강약(intensity), 음의 빛깔인 음색(tone color)의 네 가지 특성이 있다.

음의 높이는 일정한 단위 시간 내에 울리는 진동수, 또는 주파수의 많고 적음에 따라 정해진다.

음의 높이는 진동수에 비례하는데 보통 1초간의 진동수는 그 단위를 사이클(c/s) 헤르츠(Hz)로 표시한다.

음악에 사용하는 음의 높이를 세계적으로 통일시킨 것을 표준 음고라 하는데 1859년의 파리회의에서 å=435Hz를 결정하고 1885년의 빈 회의에서 이것을 국제 고도라고 명명하게 되었다. 그러나 현재 널리 쓰이고 있는 표준 고도는 연주 효과를 더욱 올리기 위하여 1939년 런던에서 열린 국제 규격협회의 제2회 국제 조율음 회의에서 연주 고도보다 약간 높게 å= 440Hz로 결정되었다. 이것을 연주 고도라 하여 세계 각국에서 거의 사용하고 있다.

음의 길이는 진동 시간에 비례하는 것으로써 진동이 계속되는 시간에 따라 길고 짧은 음이 이루어지는 것이다. 즉 진동 시간이 길면 음이 길고 진동 시간이 짧으면 음이 짧다.

음의 세기는 진동의 폭에 비례하는 것으로써 진동의 폭이 넓을수록 그 음은 세고 좁을수록 그 음은 여리다. 즉 음의 세기는 진동되는 에너지의 크기, 진동의 방향과 거리, 주위의 상황에 따라서 결정되는데 센 음은 가깝게, 여린 음은 멀리 느껴진다.

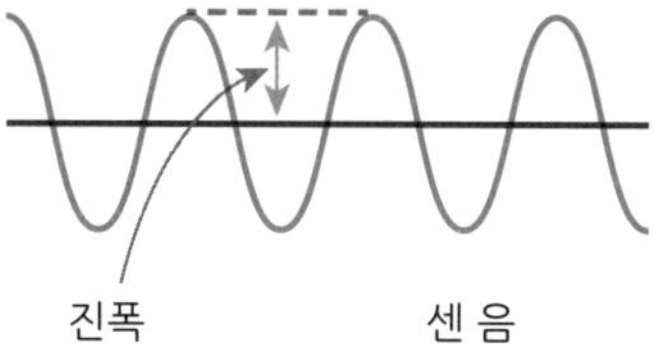

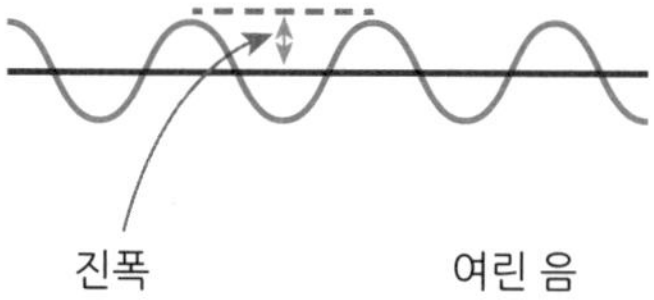

음색은 발음체의 구조와 재료에 따라 달라진다. 진동하는 음파의 모양에 따라 음색이 달라지는 것이며 진동의 모양은 배음의 포함 상태에 따라서 달라지는 것이다. 같은 높이와 세기의 음이라도 발음체의 성격에 따라 다른 소리가 나는 것은 각기 고유한 음 빛깔을 가지고 있기 때문이다.

(4) 배음

관악기나 현악기에 의해 어떤 음을 연주하면 우리들의 귀에는 한 음으로만 들리나 실제는 많은 음들이 결합하여 이루어진 것이다. 진동수가 가장 적은 밑음으로부터 정배수의 진동수를 가진 음이 자연히 발생한다. 이때 자연히 발생한 음을 부분음이라 하고 이렇게 정배수의 부분음이 생길 때를 배음이라 한다.

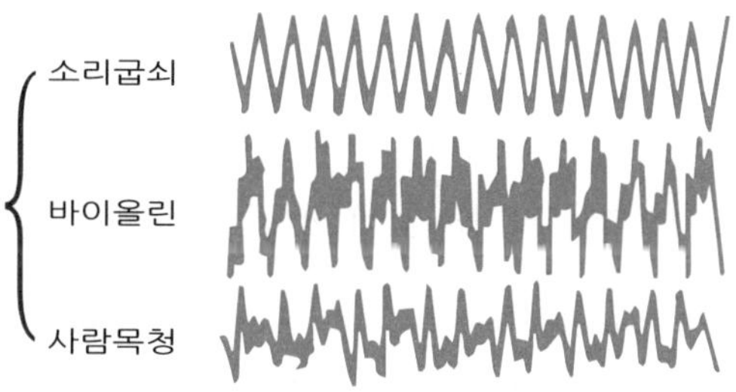

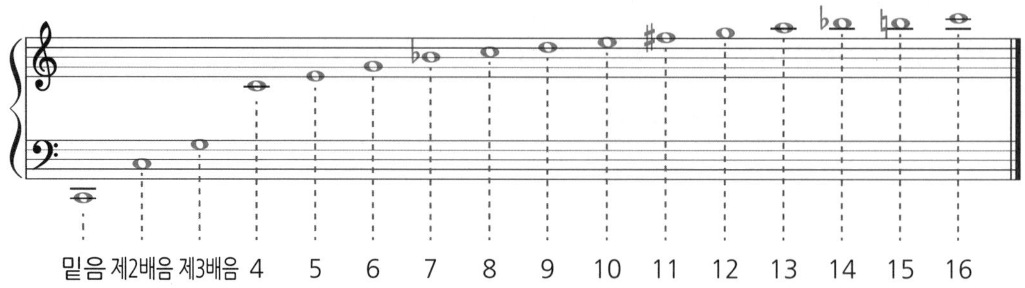

2. 음악

(1) 음악의 정의

음악은 한정된 시간 안에서 의도적인 음의 배합에 의하여 소리로서 인간의 사상과 감정을 나타내는 예술이다. 문학은 글을 소재로, 회화는 색을 소재로 하나 음악은 음을 소재로 하며 음악은 청각에 의하여 감득하고 시간의 흐름 속에서 표현해야 하므로 시간예술(순간예술)이라 한다.

사람이 표현할 수 있는 많은 음 중에서 어떤 음을 선정하여 창작자의 의도를 어떻게 조직하고 배합하였느냐에 따라 그 예술성이 결정된다.

음악의 어원은 원래 희랍어의 무지케(Mousike)에서 온 말로, 예술과 학문의 여신인 무사이(Mousai)에서 유래된 것이다.

(2) 음악의 요소

하나의 악곡이 창조적 과정을 통해서 구성되기 위해서는 여러 가지 음악적 질서들이 기본 요소로서 중요한 역할을 하게 된다.

리듬(Rhythm)은 여러 가지 길고 짧은 음과 셈여림이 시각적으로 결합된 것을 말한다. 리듬의 한 단위는 박(拍, Beat)으로서 일정한 박자 안에 있는 여러 가지 음표군의 움직임의 종류이

다. 리듬은 아름다운 음악 형성의 기반이고 음악 질서의 원동력이다. 따라서 리듬을 올바르게 습득하고 질서 있게 표현하는 것은 음악적 기초 학습의 요체라 할 것이다.

선율(Melody)은 여러 가지 높고 낮은 음들과 다양한 리듬이 서로 결합하여 인간의 감정을 나타내는 음악적 표현이다. 선율의 노래를 얼마나 아름답게 표현하느냐에 따라 음악성의 우수성이 판단된다.

화성(Harmony)은 높이가 다른 2개 이상의 음이 동시에 울려 조화를 이루는 것이며 선율과 리듬의 뒤에서 다양한 음색의 효과로 음악의 입체적인 바탕을 마련해 주며 또 색체감을 주어 음악을 한층 충실하게 완성시켜 주는 중요한 구실을 한다.

그 외에도 음의 진행을 결정해 주는 빠르기(Tempo), 음의 셈여림을 단계적으로 나타내는 다이내믹(Dynamic)이나 악기를 다루는 연주자의 기술이나 목소리에 따라서 달라지는 음색(Tone color)등이 음악을 구성하는 중요한 요소들이다.

(3) 음악 활동의 분야

음악의 활동 분야는 크게 작곡, 연주 감상의 세 분야로 나눈다.

작곡은 음악을 창작하는 활동으로 작곡가는 그의 사상과 감정을 음으로 표현하여 악보화 하여 작품으로 탄생시킨다.

연주는 작곡된 악보를 실제의 소리로 표현하는 활동을 말한다. 연주자는 악기를 다루는 기술적인 능력으로 악보를 통하여 작곡가의 의도를 읽어 내고 작품의 이론적 연구와 연주의 독자적인 표현으로 음악을 재창조한다.

감상은 직접 음악을 만드는 일에 참여하지는 않지만 연주를 들음으로써 악곡의 예술적인 가치를 감득하는 활동이다. 참된 음악감상이란 단순히 음악을 듣는 것에 그치지 않고 작곡가의 창조력과 연주자의 예술적 표현력에 못지않게 음악의 지적 이해로 음악을 바르게 감상하고 비평하는 것이다.

이들 모두가 음악 활동을 구성하는데 있어서 빠질 수 없는 중요한 분야이다.

제2장 악보와 기보법

1. 음이름(Tone Name)

(1) 음이름

일반적으로 음악에서 사용되는 음에는 각각 고유한 높이가 있다. 그들 각음에 붙여진 고유한 이름을 "음이름"이라 한다. 음이름은 나라에 따라 다른 호칭을 사용하고 있는데, 기본이 되는 7음의 음이름은 다음과 같다.

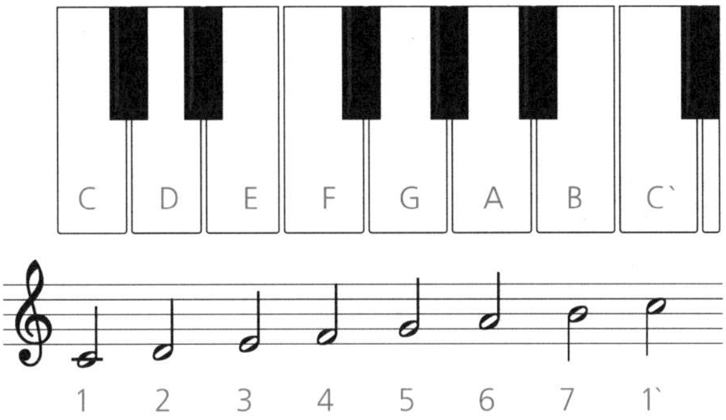

한 국 :	다	라	마	바	사	가	나	다
영 미 :	C	D	E	F	G	A	B	C
독 일 :	C	D	E	F	G	A	H	C
이탈리아 :	do	re	mi	fa	sol	la	si	do
프 랑 스 :	ut	ré	mi	fa	sol	la	si	ut

(2) 원음과 사이음

앞에서 공부한 바와 같이 피아노를 예를 들어 각각의 음이름이 어느 음을 나타내는지 살펴보았다. 이들 음 중 피아노의 흰 건반에 해당하는 기본적인 7음을 "원음" 또는 "자연음"이라 한다. 사이음은 기본이 되는 7음, 즉 원음을 반음씩 올리거나 내려서 생기는 음을 "사이음"이라고 한다. 악보상에는 사이음을 나타내기 위해 변화표(♯, ♭, ♮)를 사용한다. 사이음은 피아노에서 검은 건반에 해당된다.

(3) 온음과 반음(Whole tone, Half tone)

원음의 각 음 사이에서 넓은 것은 온음이며 좁은 부분은 반음이라 하는데 "미와파" "시와도"와 같이 흰 건반이 겹쳐 있는 부분은 온음계적 반음이라 하고, 변화표에 의해서 반음이 형성된 것을 반음계적 반음이라 한다.

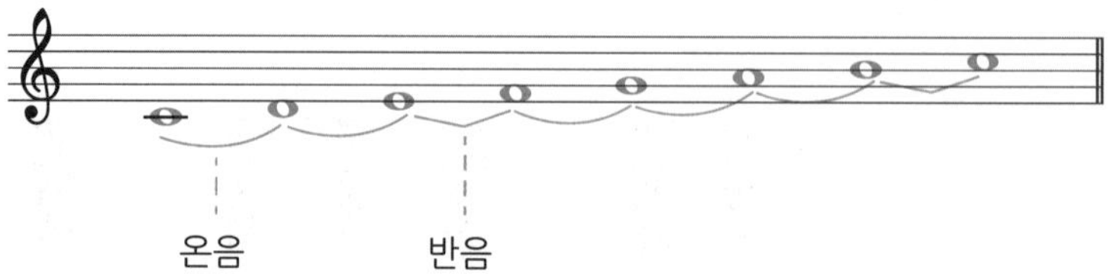

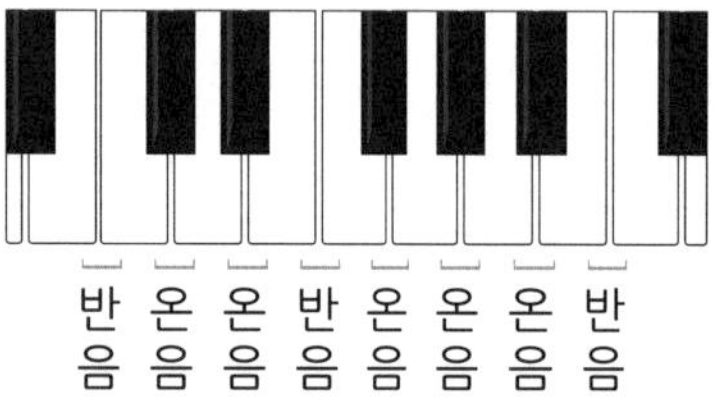

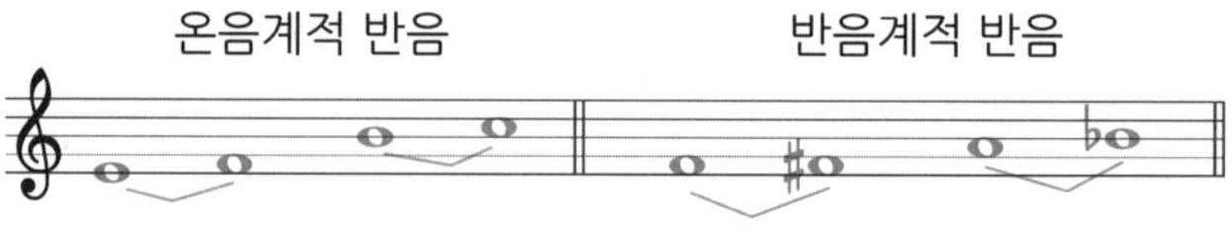

(4) 옥타브(Octave)

음이름은 8번째마다 같은 음으로 돌아와 반복된다. 이렇듯 높이가 다르지만 같은 이름의 음을 옥타브라 한다.

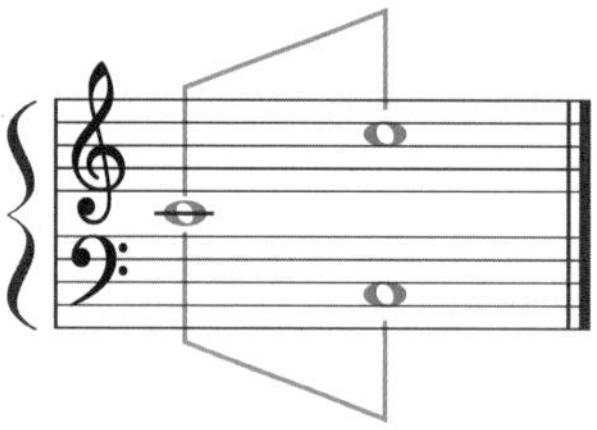

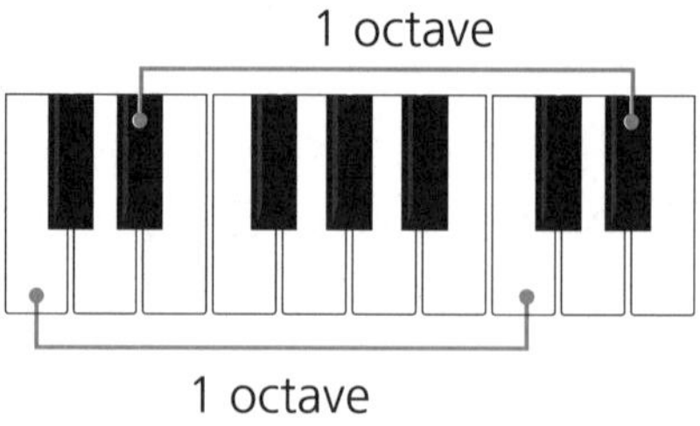

2. 보표(Staff)

(1) 5선보의 체계

음은 음표(Note)로서 기록되는데 음의 높이를 나타내기 위해 우선 필요한 것이 보표이다. 보표는 5선보에 음자리표를 표시한 것을 말한다. 5개의 평행선으로 나타내는 5선보는 줄과 간(줄과 줄 사이)을 사용해서 음의 높이를 나타낸다.

다섯 줄은 11음을 쓸 수 있으나 5선의 범위를 벗어나는 음, 즉 5선으로 나타낼 수 없는 높은 음이나 낮은음을 쓰기 위해서는 보표의 위나 아래에 덧줄이라고 하는 짧은 줄을 임시로 덧붙여서 나타낸다.

덧줄은 너무 많이 쓰면 악보 읽기가 복잡하므로 음자리표를 바꾸든가 특별한 기호를 사용한다. 5선보의 각 줄과 간의 명칭은 다음과 같다.

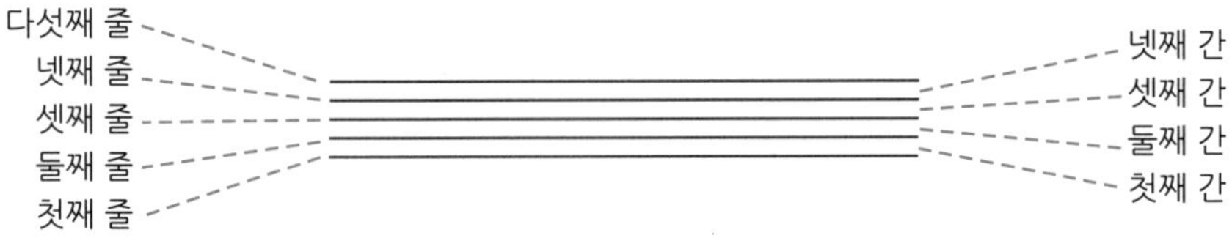

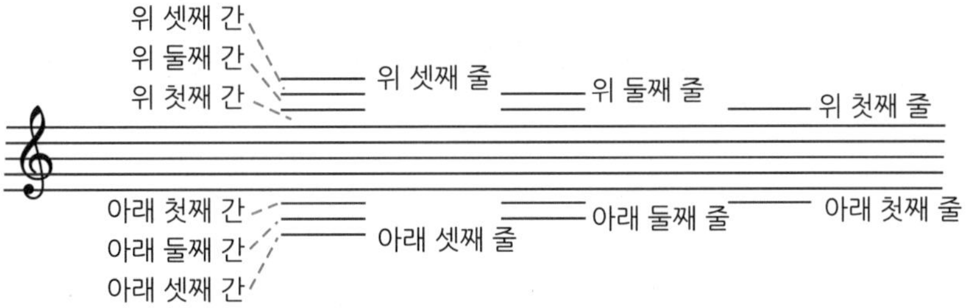

(2) 음자리표(Clef)

음의 높이는 5선에 음표를 적어 넣어서 나타내는데, 그것만으로는 음의 절대적인 높이를 정할 수 없다. 따라서 음자리표가 필요해진다. 음자리표에는 사음표(높은음자리표), 바음표(낮은음자리표), 다음표(가온음자리표) 등 악기의 음역에 따라서 3가지가 사용된다.

유아 동요 반주법은 건반악기를 이용하여 연주하게 되므로 여기서는 건반악기의 음자리표인 높은음자리표와 낮은음자리표에 대하여 알아보기로 하겠다.

① 높은음자리표(Treble Clef, G Clef)

Treble Clef, 사음자리표 또는 G음자리표라고 하는데 사 음표는 둘째 줄에 있는 음표가 사음(G음)임을 나타낸다. 보컬보, 기타보, 피아노, 바이올린, 플룻, 오보에, 클라리넷, 트럼펫, 혼 등 높은 음역을 나타내는 악기를 위한 기보에 많이 사용된다.

★ 높은음자리표를 5선 위에 그려 보자.

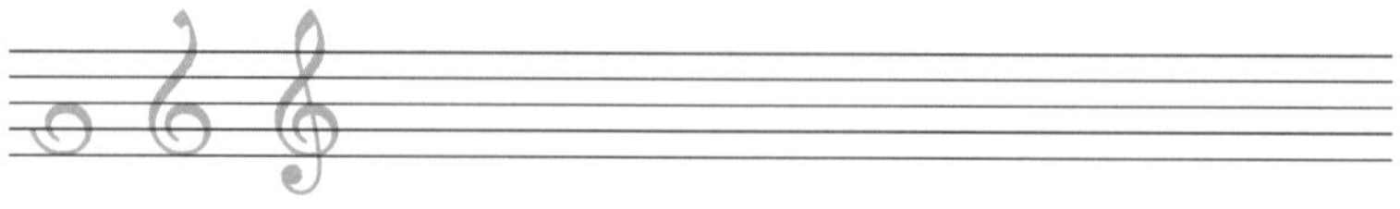

② 낮은음자리표(Bass Clef, F Clef)

Bass Clef, 바음자리표라고도 하는데 음자리표의 시작인 바 음표는 넷째 줄에 있는 음표가 바 음(F음)임을 나타낸다. 보컬보, 피아노의 왼손 음역, 바순, 첼로, 더블베이스, 튜바, 트롬본 등 낮은 음역을 나타내는 악기를 위한 기보에 사용된다.

Mozart, Quartet k.387 (Cello Part)

★ 낮은음자리표를 5선 위에 그려 보자.

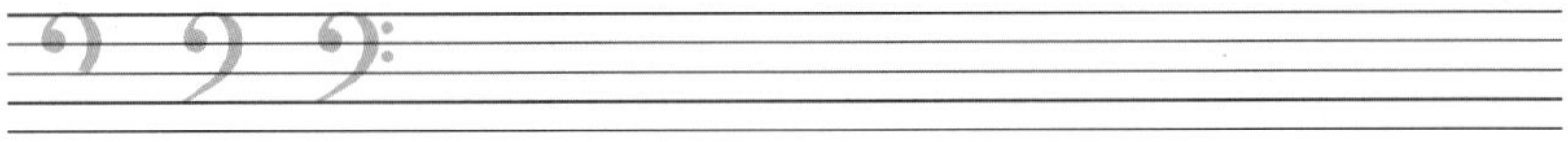

③ 피아노 악보에서 사용하는 음자리표는 높은음자리표와 낮은음자리표이다.

(3) 보표의 종류

① 작은보표(Short Staff)

한 성부 또는 한 악기를 위해 다섯 줄만으로 된 보표를 말하며 파트보라고 지칭하기도 한다.

Mozart Violin Concerto No.5 제2악장

② 큰보표(Grand Staff)

높은음자리표와 낮은음자리표를 연결하고, 다음과 같은 큰 괄호로 묶여 있는 보표를 큰보표라고 한다. 피아노 스코어라고도 하며, 피아노나 오르간 등의 건반악기에서 많이 쓰인다.

다음과 같이 큰 괄호로 묶은 보표도 역시 큰보표라고 일컬으며 같은 악기 또는 한 그룹의 악기나 목소리를 위해 사용된다.

Liszt, Hungarian Rhapsody No.6

③ 모음보표(Score)

오케스트라나 합창처럼 여러 파트로 이루어지는 작품의 각 파트 보표를 하나로 묶은 것을 "스코어"(모음보표)라고 한다. 취주악, 관현악, 실내악 합주 등의 악보에 쓰인다. 각 악기, 각 성부마다 독립된 보표로 되어 있는 것을 풀 스코어(총보)라고 한다.

풀 스코어는 많은 지면을 필요로 하는 것이므로, 지면의 절약이나 음의 구성을 이해하기 쉽게 하기 위해 축소 간략화한 스코어를 사용하는 경우도 있는데 그것을 "콘덴스트 스코어"라고 한다. 콘덴스트 스코어를 쇼트 스코어 또는 피아노 스코어라고 하는 경우도 있다. 모음보표의 예를 다음에 나오는 쥬페의 경기병 서곡의 스코어에서 볼 수 있다.

쥬페의 경비병 서곡(F. V. Suppe, Leichte Kavallerie) 중

3. 변화표(Accidental Notation)

원음 앞에 붙어서 반음 올리거나 내려서 이루어진 사이음을 표시하는 표를 변화표라 한다.

(1) 변화표의 종류와 기능

①	♯ (Sharp)	올림표	반음 올린다.
②	♭ (Flat)	내림표	반음 내린다.
③	𝄪 (Double Sharp)	겹올림표	반음을 두 번 올린다
④	𝄫(Double Flat)	겹내림표	반음을 두 번 내린다.
⑤	♮ (Natural)	제자리표	변화표를 없애고 원음으로 돌아가서 연주한다.

(2) 변화표의 표기법

① 올림표(♯, Sharp)

음표의 앞에 붙여 음을 반음 올리는 표이다.

② 내림표(♭, Flat)

음표의 앞에 붙여 음을 반음 내리는 표이다.

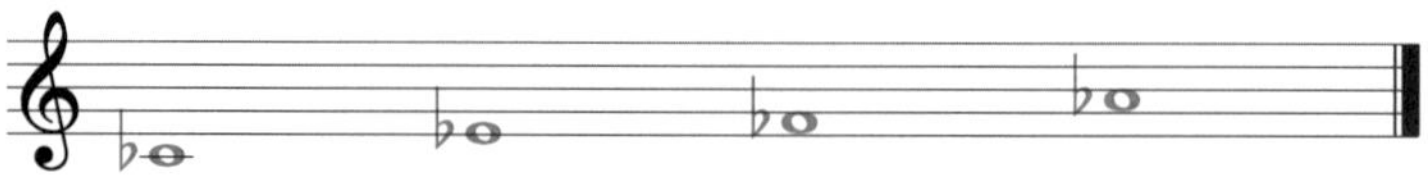

③ 겹올림표(𝄪, Double sharp)

반음 올린 음을 또다시 반음 올리는 표이다.

④ 겹내림표(𝄫, Double flat)

반음 내린 음을 또다시 반음 내리는 표이다.

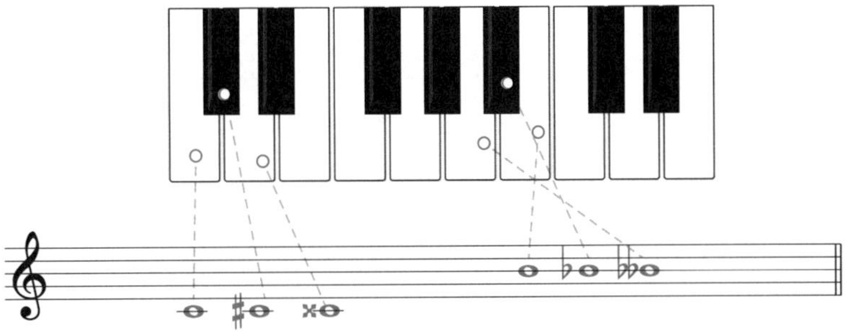

⑤ 제자리표(♮, Natural)

반음 올리거나 내려서 변화된 음을 본래의 자리로 보내는 표이다.

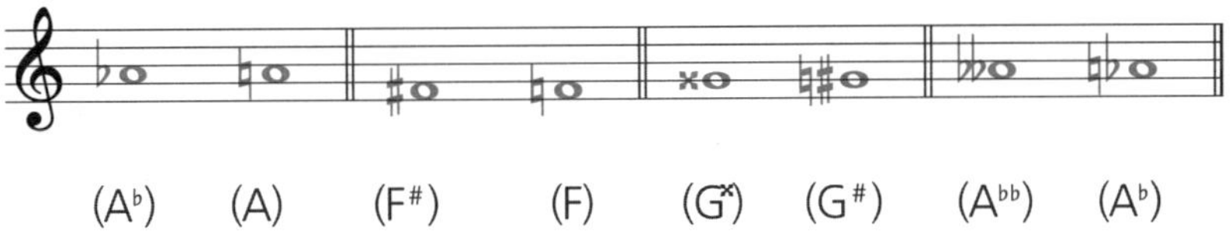

(3) 변화표의 용법

변화표의 용법은 조표(Key Signature)로 쓰일 때와 임시표로 쓰일 때가 있다.

① 음자리표 바로 다음에 붙이는 변화표는 조표이고 이 조표는 옥타브와 관계없이 곡 전체의 조표가 붙은 모든 같은 이름의 음에 효력을 미친다. 악곡 도중에서 조표에 해당하는 음을 원음으로 보내고자 할 때는 ♮를 붙이면 된다.

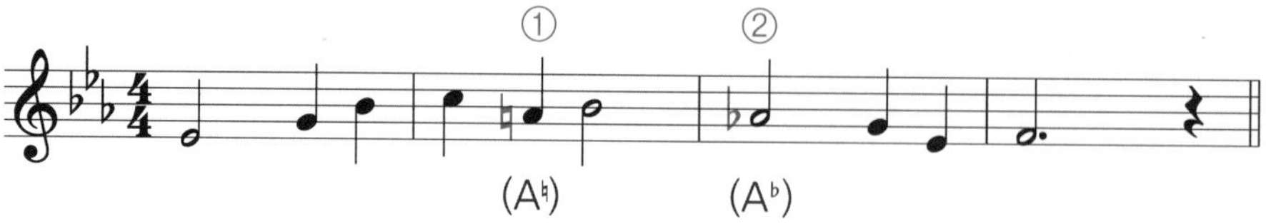

①의 ♮는 임시표의 역할로서 조표가 붙은 음을 올리게 되는 것이다. 임시표의 효력은 같은 마디 내에서만 작용하고 그다음 마디에서는 작용하지 않으므로 ②와 같이 연주자에게 주의를 주기 위하여 다시 붙여줄 수 있다.

② 변화표가 임시표로 쓰일 때는 악곡 도중에 한 음의 높이를 임시로 변화시키는 표를 말하며 임시표가 붙은 음표는 그 마디 안에서 같은 음표에 한해서는 효력이 있다. 즉 임시표는 한마디가 넘으면 효력이 없어지므로 필요할 때에는 마디마다 새로 붙여야 한다.

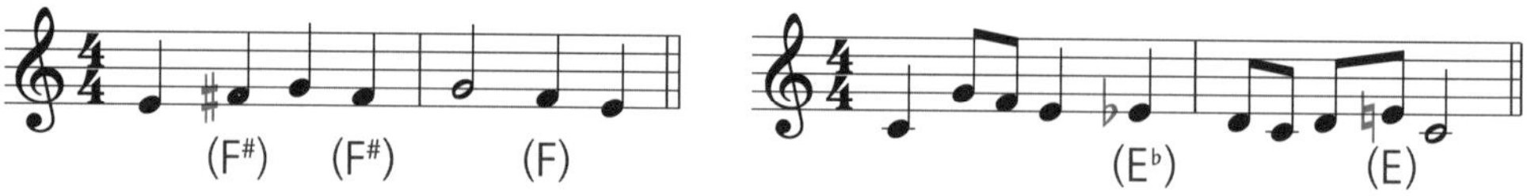

그러나 옥타브 이상의 같은 이름의 음에는 효력이 없다. 옥타브 위나 아래에 있는 음에는 같은 음이라 할지라도 해당되는 임시표나 제자리표를 다시 기입하는 것이 정확하다.

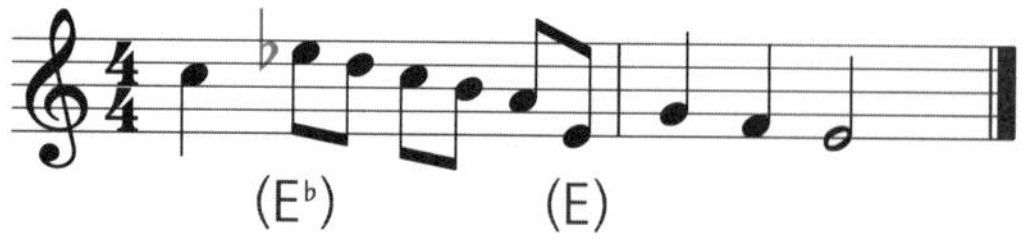

③ 임시표가 붙은 음이 그다음 마디까지 붙임줄로 연결되었을 경우는 전 음의 임시표가 유효하지만 그다음에 나오는 같은 음에 대해서는 효력을 미치지 않는다.

④ 임시표로서 겹올림표와 겹내림표는 원음을 반음 두 번 올리거나 내리는 것인데 조표로서 사용된 음을 다시 반음 올리거나 내릴 때도 겹올림표와 겹내림표를 붙여야 한다.

⑤ 임시표로서 겹올림표와 겹내림표를 사용한 음을 다시 원음으로 돌아가게 할 때는 제자리표를 한 번 사용함으로써 유효하며 반음을 두 번 올리거나 내린 음을 한 반음만 올리거나 내릴 때는 제자리표를 쓴 다음 임시표를 나란히 붙인다.

4. 이명동음(Enharmonic, 딴이름 한소리)

원음에 임시표를 붙이면 사이음이 되는데, 이때 이름은 다르지만 음높이는 같은 음이 생겨난다. 다시 말하면 변화표에 의하여 반음 올린음이나 반음 내린음은 다른 음을 반음 내리거나 올린 것과 같은 음이 된다. 이 경우 실제의 음은 같으나 이름만이 다르기 때문에 딴이름 한소리라 한다.

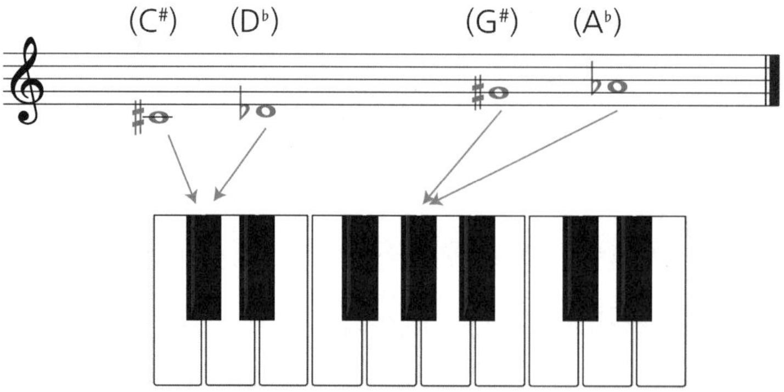

5. 음표와 쉼표

(1) 음표

① 음표의 명칭

음의 높이를 나타내기 위해서는 음표가 필요하다 이 음표가 5선보의 어느 자리에 있느냐에 따라 우리는 각 음표의 높이를 알 수 있다.

우선 음표의 각 부분의 호칭을 살펴보기로 한다.

★ 음표 부분의 이름

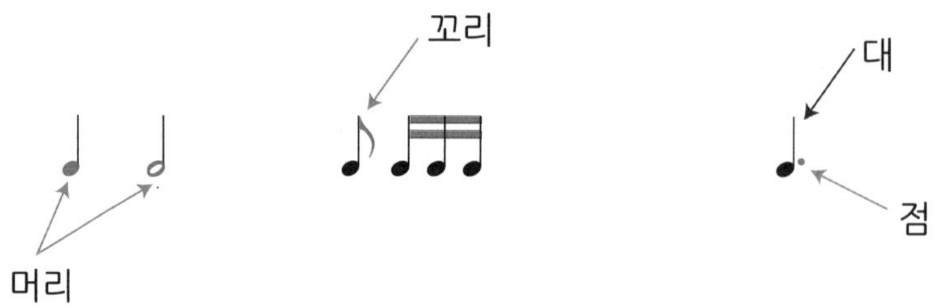

② 음표의 종류와 길이

㉮ 민음표(Note)

음표는 음의 높이를 나타낼 뿐만 아니라 음의 길이를 나타낸다. 일반적으로 음의 길이를 나타내는 것은 박(beat)으로 표현되는데, 그 기본 단위는 음표이다.

다음 표에서 보는 4분음표는 1박자로서 음악에서 가장 많이 쓰이는 음표이다. 4분음표를 기준으로 각 음표의 길이를 비교해 보자.

★ 4분음표(♩) 를 1박으로 할 때의 비율

	온음표	2분음표	4분음표	8분음표	16분음표	32분음표
음표	𝅝	𝅗𝅥	♩	♪	𝅘𝅥𝅯	𝅘𝅥𝅰
길이	♩+♩+♩+♩	♩+♩	♪+♪	𝅘𝅥𝅯+𝅘𝅥𝅯	𝅘𝅥𝅰+𝅘𝅥𝅰	𝅘𝅥𝅱+𝅘𝅥𝅱
길이비례	4박	2박	1박	$\frac{1}{2}$박	$\frac{1}{4}$박	$\frac{1}{8}$박

★ 다음은 위에서 설명한 음표들의 상호관계를 도표로 나타낸 것이다.

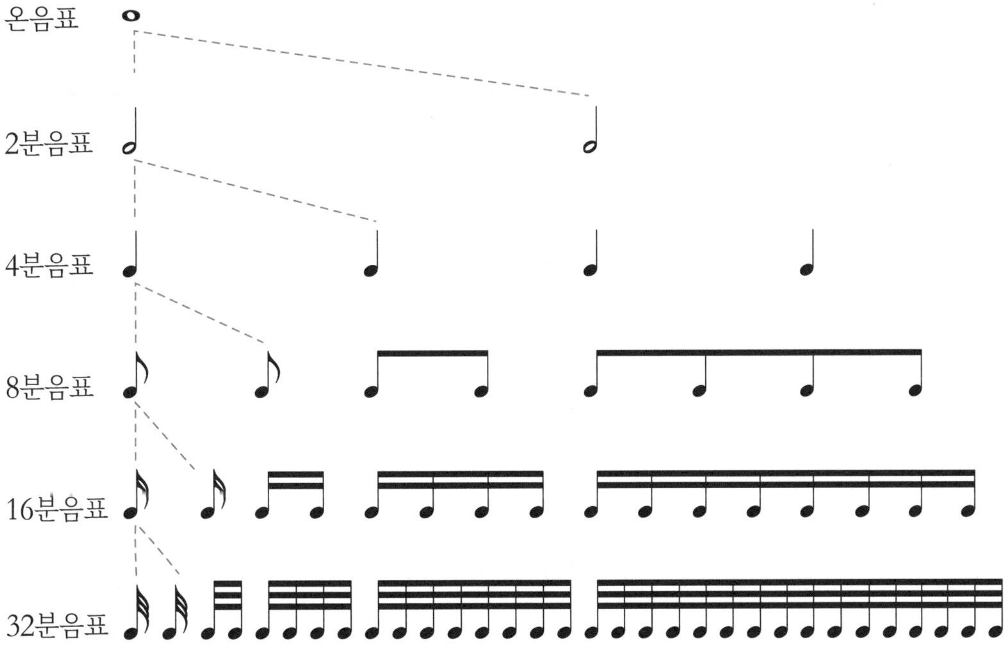

㉯ 점음표(Dotted Notes)

점음표는 위에서 공부한 민음표에 점을 붙임으로써 음가를 달리하는 음표이다.

점음부는 본 음부의 $\frac{1}{2}$박자의 길이이므로 민음표의 길이의 $\frac{1}{2}$을 더하면 점음표의 길이를 알 수 있다.

	점온음표	점2분음표	점4분음표	점8분음표	점16분음표
점음표	𝅝.	𝅗𝅥.	♩.	♪.	𝅘𝅥𝅯.
길이	𝅝+𝅗𝅥	𝅗𝅥+♩	♩+♪	♪+𝅘𝅥𝅯	𝅘𝅥𝅯+𝅘𝅥𝅰
길이 비례	6박	3박	$1\frac{1}{2}$박	$\frac{3}{4}$박	$\frac{3}{8}$박

㉰ 겹점음표(Double Dotted Notes)

겹점음표는 민음표에 2개의 점이 붙어 음가를 달리한다. 첫 번째 점은 민음표 길이의 $\frac{1}{2}$이며 두 번째 점은 민음표 길이의 $\frac{1}{4}$이다.

그러므로 민음표의 길이에 민음표길이의 $\frac{1}{2}$또 민음표 길이의 $\frac{1}{4}$을 연속으로 더하면 겹점음표의 길이를 알 수 있다.

	겹점온음표	겹점2분음표	겹점4분음표	겹점8분음표
점음표	𝅝..	𝅗𝅥..	♩..	♪..
길이	𝅝+𝅗𝅥+♩	𝅗𝅥+♩+♪	♩+♪+𝅘𝅥𝅯	♪+𝅘𝅥𝅯
길이비례	7박	$3\frac{1}{2}$박	$1\frac{3}{4}$박	$\frac{7}{8}$박

③ 음표의 기보법

음표를 보표에 적어 넣을 때는 머리, 대, 꼬리, 점의 순서로 그리며 다음과 같은 주의 사항을 지켜야 한다.

㉮ 음표의 기둥(대)은 위 또는 아래 방향으로 긋게 되는데, 보통 셋째 줄보다 위에 머리가 있을 때에는 대를 아래로 긋고 아래에 있을 때에는 위로 긋는다.

셋째 줄 상에 음표의 머리가 있을 때에는 그때의 상태에 따라 어느 쪽으로 그어도 무방하나 일반적으로 아래로 긋는다.

㉯ 대의 길이는 수직으로 보표의 약 3칸만큼 그린다.

㉰ 음표의 꼬리는 항상 대의 오른쪽에 그리고 점은 머리의 오른쪽에 붙여야 하며 머리가 줄에 있을 때는 그 줄 바로 위 칸에 붙인다.

㉱ 꼬리를 가진 음표가 여러 개가 계속될 때, 또는 8분음표 이하의 짧은 음표가 계속될 때는 꼬리를 달지 않고 굵은 선으로 묶는다.

㉲ 많은 음표를 굵은 선으로 묶을 때는 셋째 줄보다 위에 있는 음표의 개수가 많을 때는 음표의 대를 아래로 그리고, 셋째 줄보다 아래에 있는 음표의 개수가 많을 때는 음표의 대를 위로 그린다.

(2) 잇단음표

어떤 음표의 길이를 임의의 수로 등분하고, 그것들을 하나로 정리한 것을 잇단음표라고 한다. 리듬의 변화를 주기 위하여 음표를 분할하는 것이며, 이들 중 가장 많이 사용되는 것이 셋잇단음표이다. 이는 음표를 2등분했을 때와 길이는 같으나 음표의 개수를 3개 모아 놓은 것이다.

다섯잇단음표와 여섯잇단음표, 일곱잇단음표는 음표를 4등분했을 때와 같은 길이로 분할표의 지시 숫자를 5, 6, 7로 표기하게 된다. 잇단음표는 같은 시가 안에서 그것을 구성하는 몇 개의 음이 결합되어 하나의 긴 음표가 되거나 반대로 그 구성음이 몇 개의 짧은 음표로 나누어지는 경우도 있으며 잇단음표를 구성한 음표 대신 그 시가에 해당하는 쉼표를 포함한 것도 있다.

★ 잇단음표

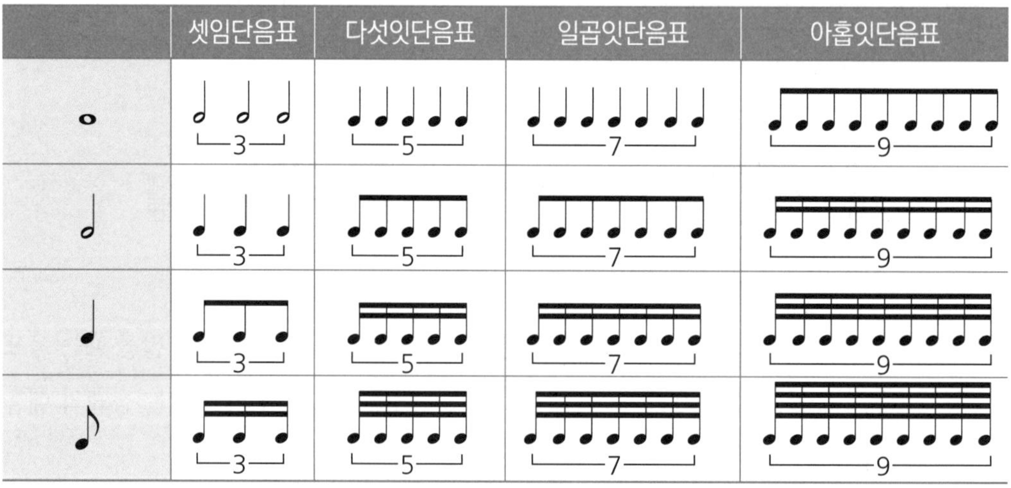

(3) 쉼표(Rest)

음악은 음으로만 성립되는 것은 아니다. 음악이 연주되지 않고 쉬는 시간도 음악의 한 부분이라는 점에서 중요한 의미를 가지고 있다. 이처럼 음이 없는 시간의 길이를 나타내는 표를 쉼표라고 한다. 연주자가 쉼표를 제대로 지켜서 연주하지 않을 경우 작곡가에 의도하는 음악에 도달하기 어려울 수 있다.

① 쉼표의 종류와 길이

㉮ 민쉼표(Rests)

	온쉼표	2분쉼표	4분쉼표	8분쉼표	16분쉼표	32분쉼표
쉼표	𝄻	𝄼	𝄽	𝄾	𝄿	𝅀
길이	𝄽+𝄽+𝄽+𝄽	𝄽+𝄽	𝄾+𝄾	𝄿+𝄿	𝅀+𝅀	𝅁+𝅁
길이비례	4박	2박	1박	$\frac{1}{2}$박	$\frac{1}{4}$박	$\frac{1}{8}$박

㉯ 점쉼표(Dotted rests)

	점온쉼표	점2분쉼표	점4분쉼표	점8분쉼표	점16분쉼표
점쉼표	𝄻.	𝄼.	𝄽.	𝄾.	𝄿.
길이	𝄻+𝄼	𝄼+𝄽	𝄽+𝄾	𝄾+𝄿	𝄿+𝅀
길이비례	6박	3박	$1\frac{1}{2}$박	$\frac{3}{4}$박	$\frac{3}{8}$박

② 쉼표의 기보법

㉮ 온쉼표는 온음표와 같은 길이인 4박자 동안 쉬는 것을 말하며 표기 방법은 음자리표를 마론하고 넷째 줄 밑에 그린다.

한마디 안에 온쉼표가 1개 있으면 그것은 박자 수에 관계없이 그 한마디 전체를 쉰다는 것을 의미한다.

㉯ 2분쉼표의 표기 방법은 보표의 셋째 줄 위에 적는다.

㉰ 쉼표는 그 박자표에 의하여 단위 박자를 나타내도록 써야 한다.

(×) (○) (×) (○) (×) (○)

㉱ 쉼표에는 높이가 없으므로 음자리표와 관계없이 5선보 위의 일정한 위치에 표시한다.

㉲ 여러 마디를 쉬어야 하는 경우는 다음과 같이 나타낸다.

숫자는 쉬는 마디 수를 나타낸다.

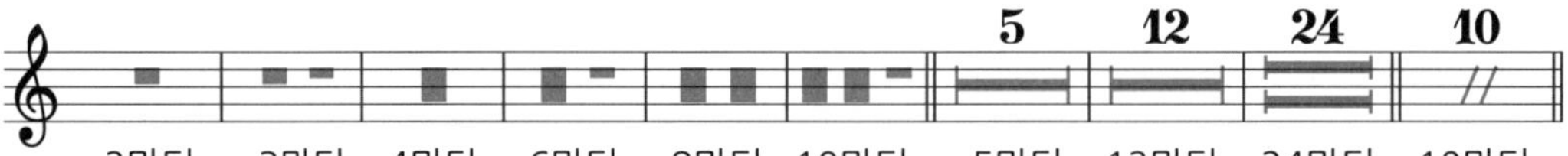

2마디 3마디 4마디 6마디 8마디 10마디 5마디 12마디 24마디 10마디

6. 박자와 마디

(1) 박자(Time)와 리듬(Rhythm)

음의 셈여림이 일정한 시간에 규칙적으로 바르게 나타나는 것을 박자라 한다.

리듬은 등분된 박자 속에서 여러 가지 길이의 음표와 쉼표로 조합하여 변화된 음악을 만드는 것을 말하며 박자와 함께 음악을 이루어 나가게 된다.

(2) 세로줄(Bar)과 마디(Measure)

악곡은 셈여림이 일정하게 반복되는데 이 셈여림을 분명히 하기 위하여 세로줄을 긋는다. 이 세로줄에 의하여 구분된 공간을 마디라 한다.

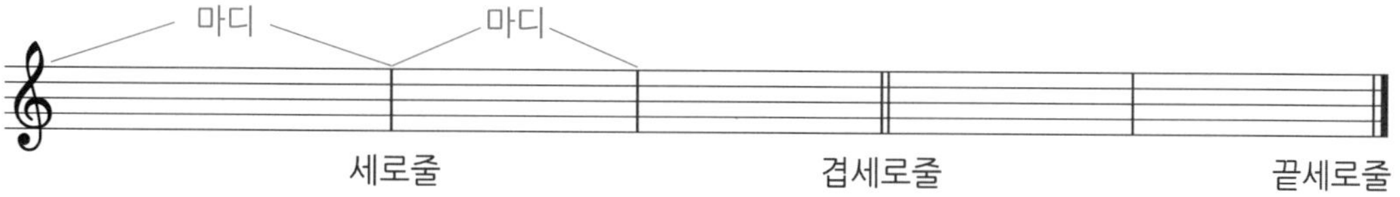

(3) 겹세로줄(Double bar)

악곡을 일단락 지을 때 두 개의 수직선을 긋는데 이를 겹세로줄이라 한다.

겹세로줄의 사용은 다음과 같다.

① 박자표가 바뀔 때

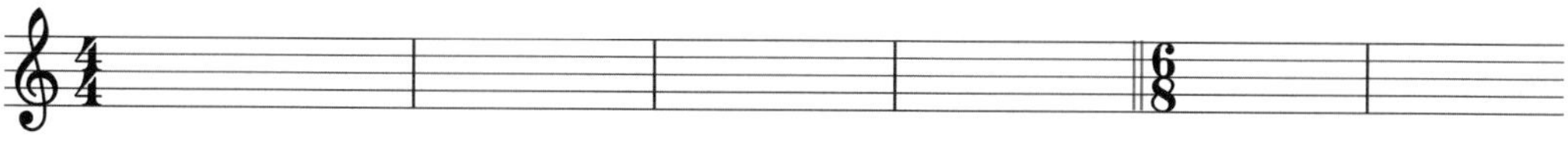

② 조표가 바뀔 때

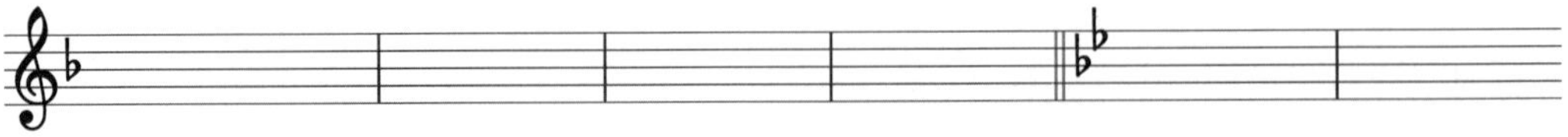

③ 중간에서 곡이 끝날 때

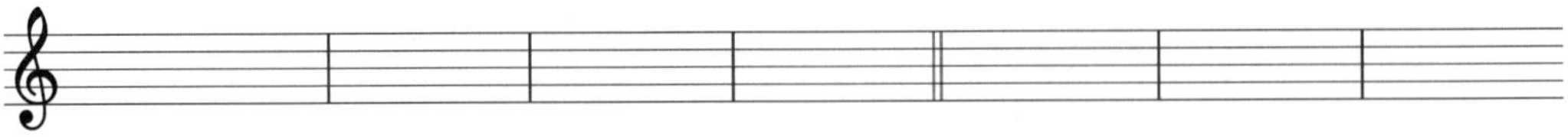

④ 마침줄의 역할(오른쪽 줄을 더 굵게 긋는다)

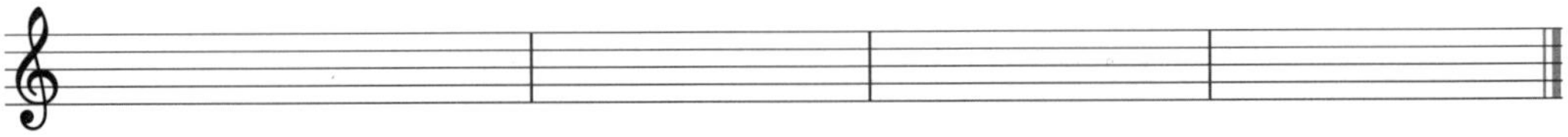

(4) 갖춘마디와 못갖춘마디

완전한 마디로 시작하여 완전한 마디로 끝나는 곡조를 갖춘마디 곡조라 하고, 첫 박이 센박으로 시작된다.

불완전한 마디로 시작하여 불완전한 마디로 끝나는 곡조를 못갖춘마디 곡조라 하며, 첫 박이 여린박으로 시작된다. 못갖춘마디의 여린박으로 시작되는 것은 처음과 끝의 마디가 합쳐져 완전한 박자가 됨으로써 갖춘마디를 이루게 된다. 시작은 여린내기로 적절히 표현한다.

〈갖춘마디 곡조〉

〈못갖춘마디 곡조〉

(5) 센박과 여린박

특별한 기호나 요구가 없는 한 세로줄 다음에 오는 음은 센박이 되고 그 밖의 음은 여린박이 된다. 이를 강, 약으로 표현하기도 하는데 이 강약의 흐름으로 박자의 종류를 구분한다. "강약"이 규칙적으로 반복될 때 2박자의 음악이 되고 "강약약"으로 반복되면 3박자, "강약 중간약"으로 반복되면 4박자의 음악이 구성된다. 이 기본적인 박자의 규칙이 음악을 연주할 때 지켜야 할 가장 중요한 요소가 된다. 왜냐하면, 우리가 쓰는 문장도 띄어쓰기를 잘못할 경우 전혀 다른 뜻의 문장이 되어 버리는 것과 같은 경우가 생기기 때문이다. 센박과 여린박의 규칙을 잘 이해하는 것은 음악을 올바르게 해석하는 지름길이다.

★ 박자에 따른 리듬의 센박과 여린박

① 2박자

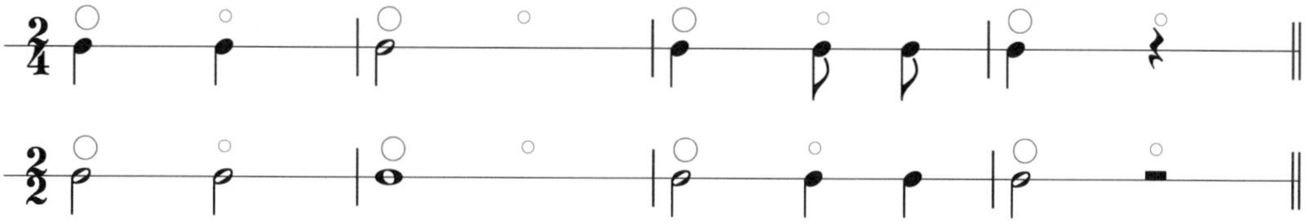

② 3박자

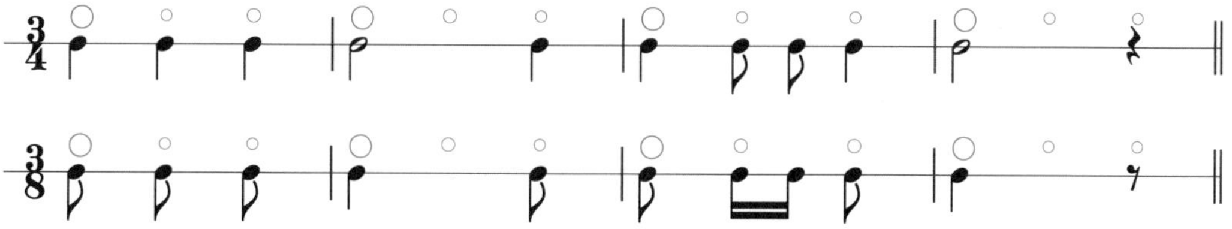

③ 4박자

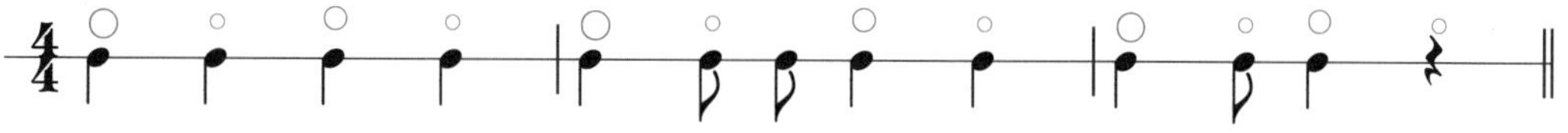

④ 6박자

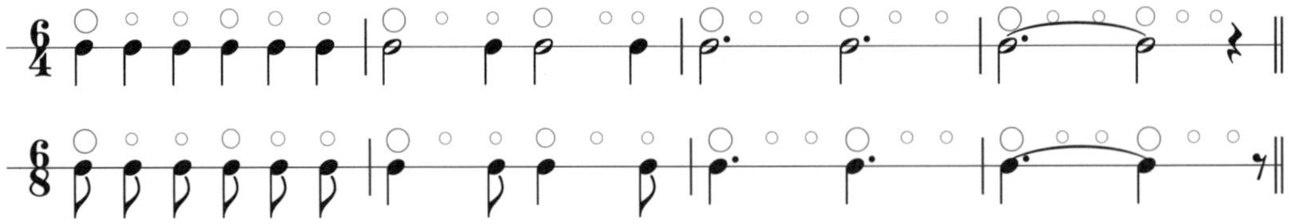

⑤ 9박자

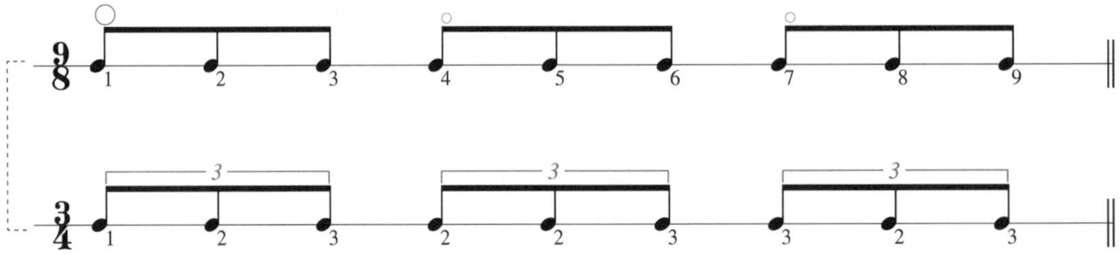

⑥ 12박자

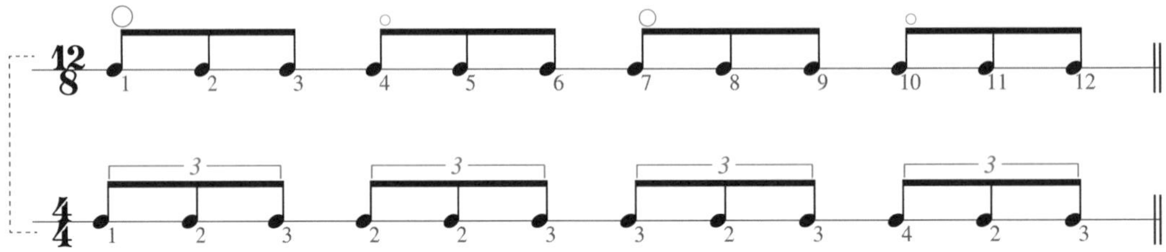

(6) 당김음(Syncopation)

센박과 여린박이 규칙적으로 진행되지 않고 어떤 수단에 의하여 불규칙하게 되는 것을 당김음이라 한다. 센박과 여린박이 일정한 순서에 의하여 반복되는데 이 순서가 바뀌어 여린박 자리에 센박이 오기 때문에 음악적인 변화가 일어난다. 이는 센박과 여린박이 붙임줄로 연결되었거나 여린박이 센박보다 긴 음표인 경우, 센박자리에 쉼표가 있어 그 다음 음표가 센박이 되거나 sf, accent의 기호를 여린박에 붙여서 강조할 경우에 당김음의 표현을 하게 된다.

(7) 박자의 종류

박자를 구성하는 센박과 여린박이 몇 박마다 오느냐에 따라서 두박자계와 세박자계 또는 섞임박자 등으로 구분된다. 이 박자들은 다시 홑박자와 겹박자로 나눈다.

① 홑박자 (2박자, 3박자, 4박자)

② 겹박자 (6박자, 9박자, 12박자, 16박자)

	홑박자		겹박자		섞임박자
2박자	$\frac{2}{2}$ = ¢ $\frac{2}{4}$ $\frac{2}{8}$	6박자	$\frac{6}{4}$ $\frac{6}{8}$	5박자	$\frac{5}{4}$ $\frac{5}{8}$
3박자	$\frac{3}{2}$ $\frac{3}{4}$ $\frac{3}{8}$	9박자	$\frac{9}{4}$ $\frac{9}{8}$ $\frac{9}{16}$		
4박자	$\frac{4}{4}$ = C $\frac{4}{8}$	12박자	$\frac{12}{8}$ $\frac{12}{16}$	7박자	$\frac{7}{4}$ $\frac{7}{8}$

★ 리듬의 박자 단위의 구성과 셈여림

(8) 박자표(Time Signature)

악곡의 박자의 종류를 표시하는 것을 박자표라 한다. 박자표는 오선 위에 조 기호 다음에 위치하며 분수로서 표시한다. 분모에 해당하는 아래 숫자는 그 곡조의 단위 음표를, 분자에 해당하는 위의 숫자는 한마디 속에 들어 있는 박자의 수를 나타낸다.

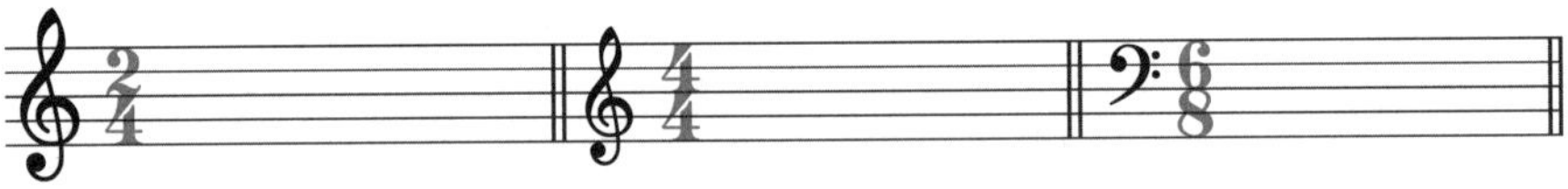

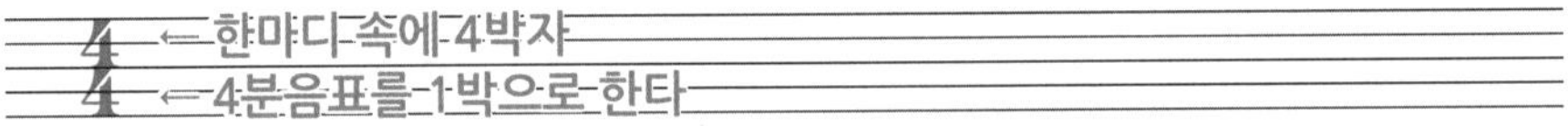

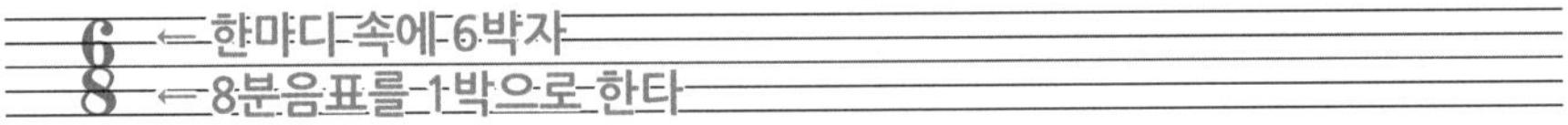

(9) 박자 젓는 법

악곡의 정확한 박자와 마디 안에 있는 박의 셈여림의 변화와 빠르기를 손 또는 지휘봉을 사용하여 젓는 방법이다. 이는 연주, 창작, 감상의 모든 부분에서 음악의 흐름을 파악하기 위한 가장 기본적인 기법이다.

유치원에서 행사 음악을 하거나 수업 시간에 유아 및 아동들에게 합창을 지도할 때 박자 젓기에 의한 지휘는 음악을 통일시키고 집중하게 하는 데 필요하며, 나아가서는 유아들과 음악적 교감을 형성하는 데 도움을 준다.

박자 젓기에 있어서 박의 셈여림은 지휘봉이나 손이 내리고 올리는 중력의 응용으로 이루어지는데 내리는 것은 센박이고 올리는 것은 여린박이며 평행이나 비스듬히 옆으로 움직이는 것은 그 중간의 세기를 표현하는 것이다.

박자의 기본 형태는 2박자, 3박자, 4박자이며 그 밖의 박자 젓기는 기본 형태의 응용으로 이루어진다.

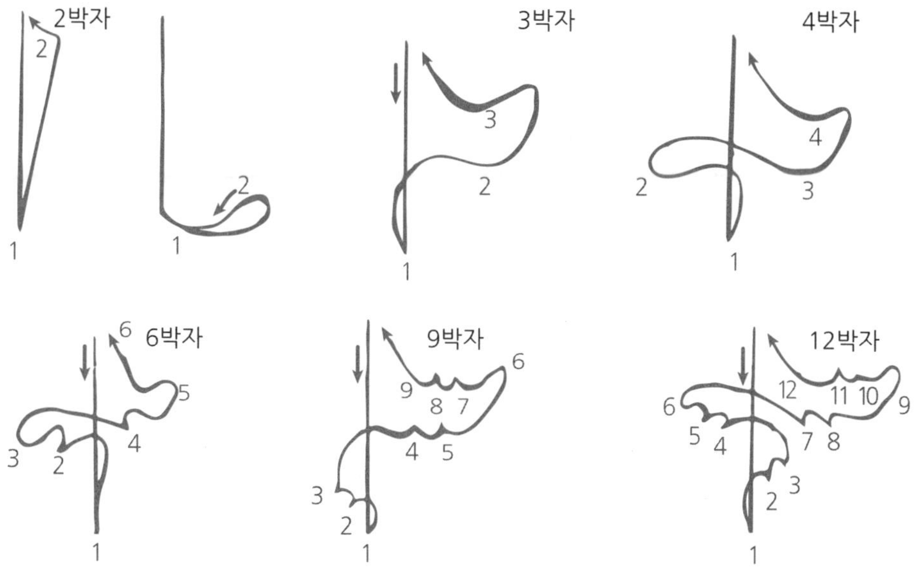

제3장 악보상의 용어와 표

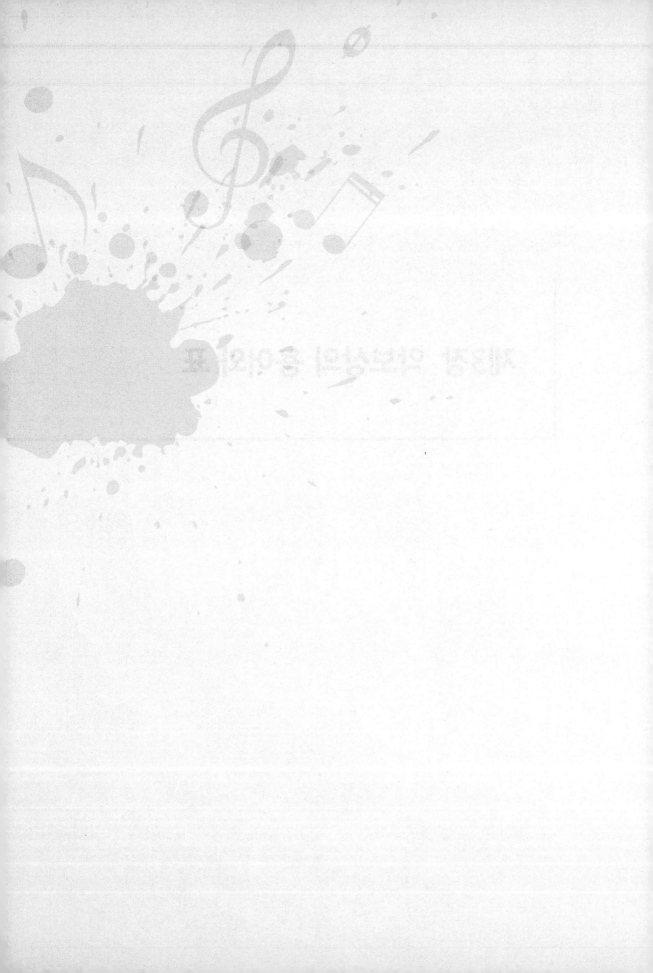

1. 빠르기말(Tempo Signature)

빠르기말은 악곡 전체의 빠르기를 나타내는 것과 악곡의 일부분만의 빠르기를 규정하는 것이 있다.

(1) 악곡 전체의 빠르기말

구분	빠르기말	읽는법	뜻
아주 느린 템포	Largo	라르고	느리고 폭넓게
	Lento	렌 토	느리고 무겁게
	Adagio	아다지오	느리고 침착하게
	Grave	그라브	느리고 장중하게
느린 템포	Larghetto	라르게토	Largo보다 조금 빠르게
	Adagietto	아다지에토	Adagio보다 조금 빠르게
조금 느린 템포	Andante	안단테	느린 걸음걸이의 빠르기로
	Andantino	안단티노	Andante보다 조금 빠르게
보통 빠른 템포	Moderato	모데라토	보통 빠르기로
빠른 템포	Allegretto	알레그레토	Allegro보다 조금 느리게
	Allegro	알레그로	빠르고 즐겁게
매우 빠른 템포	Vivace	비바체	빠르고 경쾌하게
	Presto	프레스토	빠르고 성급하게
가장 빠른 템포	Vivacissimo	비바치씨모	매우 빠르게
	Prestissimo	프레스티씨모	매우 빠르게

(2) 악곡의 빠르기를 변화시키는 말

빠르기 변화	읽는법	뜻
accelerando(accel.)	아첼르란도	점점 빠르게
stringendo(string.)	스트린젠도	
poco a poco	포코 아 포코	
animato	아니마토	
piu mosso	피우 모쏘	
ritardando(rit.)	리타르단도	점점 느리게
rallentando(rall.)	랄렌탄도	
lentando	렌탄도	
slentando	즐렌탄도	
allargando	알라르간도	점점 느리면서 폭넓게 세게
largando	라르간도	
morendo	모렌도	꺼져가듯이 점점 여리게
perdendosi	페르덴도시	점점 느리게 사라지듯이
smorzando	스모르짠도	사라지듯이
calando	칼란도	점점 평온하게
a tempo	아 템포	본래의 빠르기로
tempo primo	템포 프리모	처음의 빠르기로
tempo guisto	템포지우스토	정확한 박자로
L'istesso tempo	리스테소 템포	박자나 기보법이 바뀌어도 같은 빠르기로
a piacere	아 피아체레	연주자 임의대로
ad libitum(ad lib.)	아드 리비툼	
tempo rubato	템포 루바토	

(3) 메트로놈(Metronome)

악곡의 빠르기를 측정하는 기계를 메트로놈이라고 한다. 메트로놈은 균등한 음가를 지정하는데 쓰이며 정확한 템포를 과학적으로 지정하여 준다. 그러므로 연주자가 흔들리지 않는 박자 관념을 훈련할 수 있도록 도움을 주거나 또는 악곡의 정확한 빠르기를 인지하여 작곡가가 의도하는 템포로 연주할 수 있도록 도와주는 기계이다. 악곡의 첫머리에 ♩=120 또는 M.M.♩= 120 등으로 표시하는데 이것은 1분 안에 4분음표를 1박으로서 120을 세는 빠르기로 연주하라는 표시이다.

1812년 네델란드의 빙켈에 의해 발명되었으며, 다시 독일의 멜젤(Mälzel 1772~1838)에 의해 1816년에 개량되었다. M.M.은 Mälzel Metronome의 머리문자이며 Mälzel이 발명한 Metronome이란 뜻이다. 오늘날 과학적 발전에 힘입어 메트로놈의 기능도 다양해졌으며 모양이나 크기도 휴대하고 사용하기에 더욱 편리하게 바뀌었다.

[Metronome]

2. 셈여림표

(1) 전체적 셈여림표

셈여림표	약 자	읽는 법	뜻
pianissimo	*pp*	피아니시모	아주 여리게
piano	*p*	피아노	여리게
mezzo-piano	*mp*	메쪼 피아노	조금 여리게
mezzo-forte	*mf*	메쪼 포르테	조금 세게
forte	*f*	포르테	세게
fortissimo	*ff*	포르티시모	아주 세게

*ff*와 *pp* 이외에 상대적으로 더 세게, 더 여리게를 표시할 경우는 *fff*(fortississimo), *ppp*(pianississimo), 더한 표현을 위해서는 *ffff*, *pppp* 등으로 지시하기도 한다.

그러나 일반적으로 잘 사용되는 셈여림표를 약자로 정리하면 다음과 같다.

ppp - *pp* - *p* - *mp* - *mf* - *f* - *ff* - *fff*

(2) 일시적인 셈여림

셈여림표	약 자	읽는 법	뜻
sforzando	*sf*, *sfz*, *fz*	스포르짠도	특히 세게
rinforzando	*rf*, *rfz*, *rinf*	린포르짠도	특히 세게
accent	<, ∧, ∨	액센트	액센트를 붙여서 강조
forte-piano	*fp*	포르테-피아노	세고 곧 여리게
piano-forte	*pf*	피아노-포르테	여리고 곧 세게
subito piano(forte)	*subito piano*	수비토 피아노	갑자기 여리게 (세게)

(3) 셈여림을 변화시키는 표

셈여림 변화표	약자	읽는 법	뜻
crescendo	*cresc.*	크레센도	점점 세게
decrescendo	*decresc.*	데크레센도	점점 여리게
diminuendo	*dim.*	디미누엔도	
poco a poco crescendo	*poco a poco cresc.*	포코 아 포코 크레센도	조금씩 점점 세게
poco a poco decrescendo	*poco a poco decresc.*	포코 아 포코 데크레센도	조금씩 점점 여리게
diminuendo e ritardando	*dim. e rit.*	디미누엔도 에 리타르단도	점점 여리고 느리게
crescendo e diminuendo	*cresc. e dim.*	크레센도 에 디미누엔도	점점 세게 하다가 여리게

3. 악상과 주법에 관한 말과 표

(1) 나타냄 말

나타냄 말	읽는 법	뜻
amabile, amoroso	아마빌레, 아모로소	사랑스럽게
appassionato	아파쇼나토	정열적으로
cantabile	칸타빌레	노래하듯이
capriccioso	카프리치오소	자유롭게
con brio	콘 브리오	생기 있게
con fuoco	콘 푸오코	불같이 열정적으로

dolce	돌체	부드럽게
espressivo	에스프레시보	표정을 담아서
grazioso	그라지오소	우아하게
leggiero	레지에로	가볍고 우아하게
marcato	마르카토	하나씩 명확하게
scherzando	스케르짠도	경쾌하게, 익살스럽게
semplice	샘플리체	단순하게
simile	시밀레	같은 모양으로
subito	수비토	갑자기
tenuto	테누토	음의 길이를 충분하게
veloce	벨로체	빠르고 민첩하게

(2) 연주에 쓰이는 여러 가지 표

① 레가토(Legato)

"레가토"라는 낱말의 사전적 의미는 "이어가다, 관계를 맺다"라는 뜻으로 악보상에서는 여러 음들을 부드럽게 연결하여 연주하라는 뜻이다. 음을 이어서 아름다운 선율로 만드는 일은 말처럼 쉽지는 않다. 음을 올바르게 연결하여야 다양한 동요의 음악적 흐름과 느낌을 살릴 수 있다.

동요 : 크게 작게
손 뼉 치 자 작- 게- 치 자 짝 짝 짝 짝 짝 짝 짝

높이가 같은 두 음을 활선으로 연결시키는 것을 붙임줄이라 한다. 붙임줄로 연결된 두 음은 마지막음을 연주하지 않기 때문에 당김음의 표현에 쓰이기도 하고 단위박자를 맞추는 것에도 사용된다. 간혹 동요에서는 붙임줄로 이어진 두음에 한 음절 또는 두 음절의 가사를 붙이기도 한다.

② 스타카토(Staccato)

스타카토는 레가토와는 반대로 음을 짧게 끊어서 연주하라는 뜻이다. 동요에서 리듬을 강조하거나 가벼운 느낌을 표현하여야 할 때 사용한다. 스타카토의 표현은 경우에 따라서 다른데 스타카토의 종류에 따라서 그 음표의 $\frac{1}{2}$을, 스타카티시모는 $\frac{1}{4}$을, 메조스타카토는 $\frac{3}{4}$을 연주한다.

스타카토 주법은 때로는 활기를, 때로는 긴장감과 묘한 뉘앙스를 창출하여 음악의 개성을 돋보이게 하는 기법이다. 동요에서 스타카토는 리듬을 강조하거나 가벼운 느낌을 나타낼 때 사용한다.

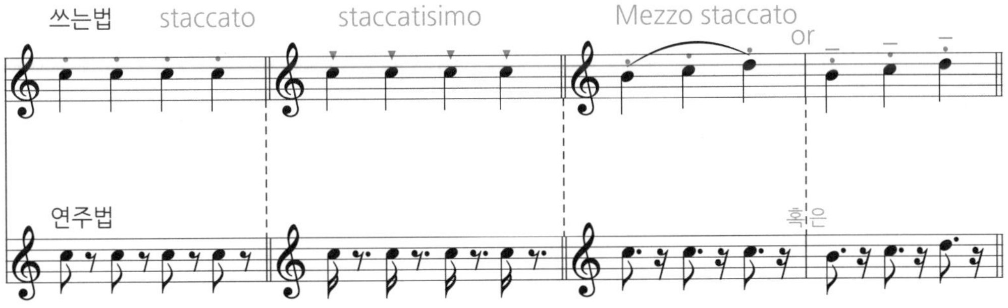

③ 테누토(Tenuto)

음의 길이를 충분히 끌어서 연주하라는 뜻이다.

테누토를 표시하는 기호는 다음 두 가지로 나타낸다.

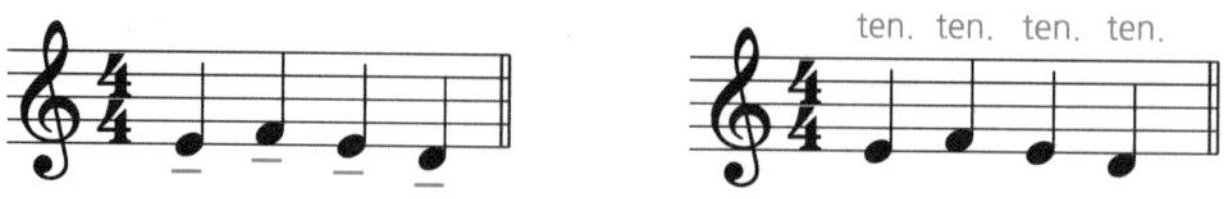

④ 페르마타(Fermata)

𝄐로 표시하는 페르마타는 늘임표라고도 하는데 음표나 쉼표 위에 기재되면 그 음의 길이를 2~3배 늘여서 연주하라는 뜻으로 사용되며 Da Capo와 함께 쓰게 되는 겹세로줄 위에 기재되면 악곡의 끝냄을 알리는 기호로서 사용된다.

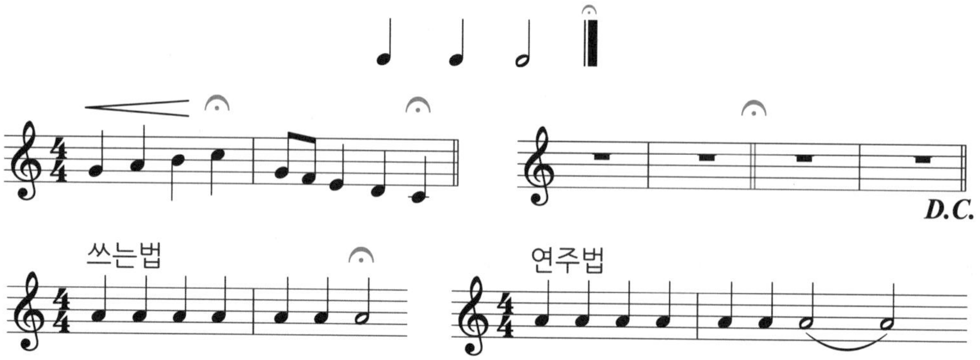

⑤ 줄임표(Abbreviation Mark)

㉮ 음표의 줄임법

악곡에서 같은 음형의 리듬이 반복되는 경우 여러 가지 표나 문자를 사용하여 악보를 간편하게 할 때가 있는데 이를 줄임표라 한다.

㉯ 옥타브의 줄임법

ⓐ All'ottava alta(8va- - - - - -)와 All'ottava bassa(8va- - - - - -)

가운데 도를 중심으로 위나 아래로 두 옥타브 이상의 거리에 있는 음표들은 덧줄이 많이 필요하여 악보가 복잡해지기 쉽다. 악보를 읽는데 있어 불편한 점을 줄이기 위하여 음표보다 옥타브 올리거나 내려서 연주하라는 기호이다.

ⓑ Coll'ottava alta(Coll'8va- - - - - - - -)와 Coll'ottava bassa(Coll'8va- - - - - - -)

기보된 음표와 함께 위나 아래의 음과 옥타브로 연주하라는 지시로 사용된다.

㉰ 도돌이표 (Repeat Mark)

(a) ‖: :‖ 이 표는 일정한 마디를 되돌아가서 반복하여 연주하라는 지시이다.

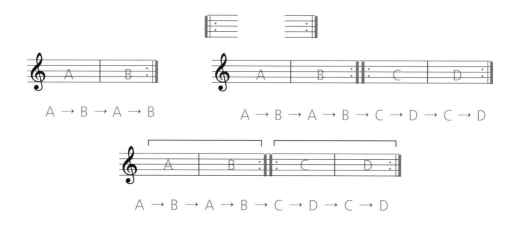

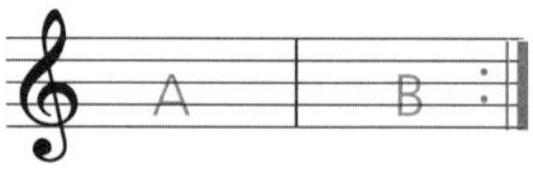

A → B → A → B

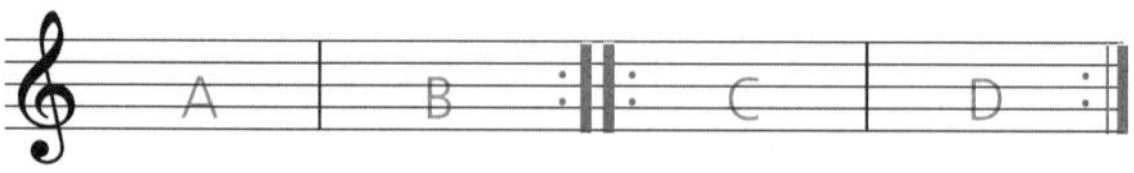

A → B → A → B → C → D → C → D

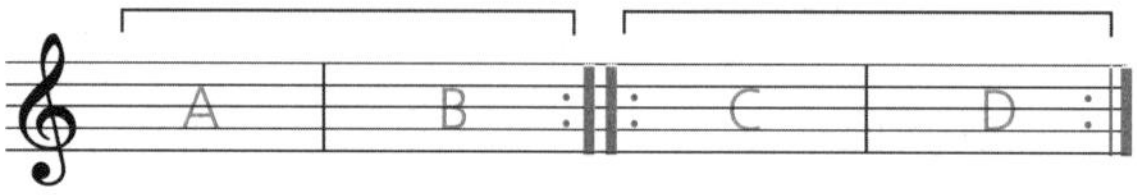

A → B → A → B → C → D → C → D

(b) |1 :‖2 ‖에 의한 것

도돌이표를 실행한 다음 다시 반복할 때는 Prima volta(1)은 연주하지 않고 Second volta(2)를 연주한다.

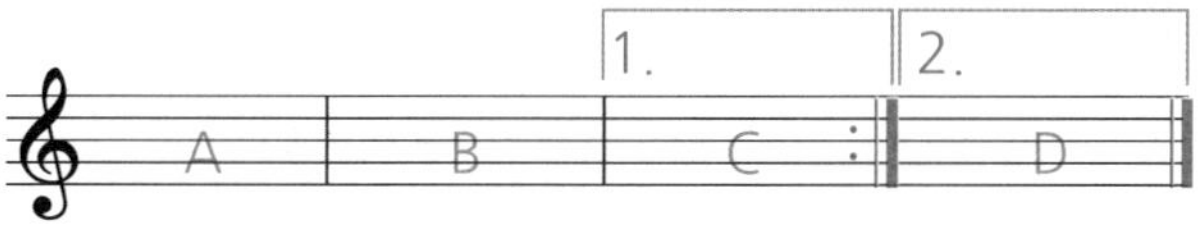

A → B → C → A → B → D

(c) Da Capo(D.C.)

A → B → C → D → E → A → B → C

악곡이나 악절 끝부분에 D.C.(다 카포)가 표시되어 있으면 처음으로 돌아가라는 연주를 계속 하라는 뜻이며 반복 후에는 Fine라는 표시와 함께 𝄐에서 끝난다.

(d) Dal Segno (D.S.)

악곡 중간에 D.S.라는 표시가 있으면 𝄋(Segno)가 있는 곳으로 돌아가서 반복하고 겹세로줄 위에 Fine 또는 𝄐에서 끝난다.

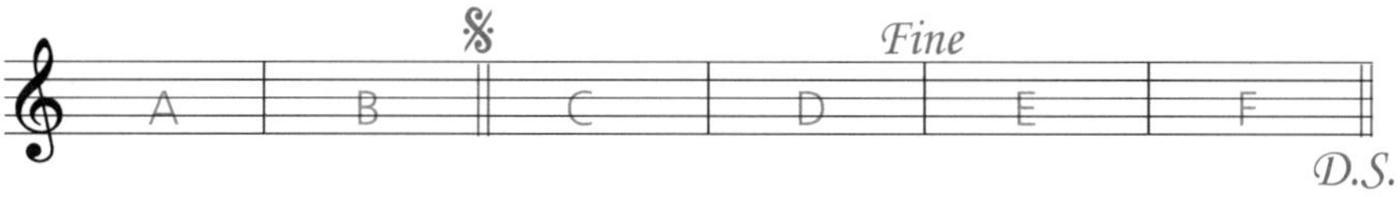

A → B → C → D → E → F → C → D

(e) bis

bis 는 두 번이라는 뜻으로 ┌───┐ 안을 반복하는 것이다.

(f) 𝄌와 𝄌(Coda)표와 Vide

𝄌, vide의 표시가 있는 사이의 마디는 다시 반복될 때 생략된다.

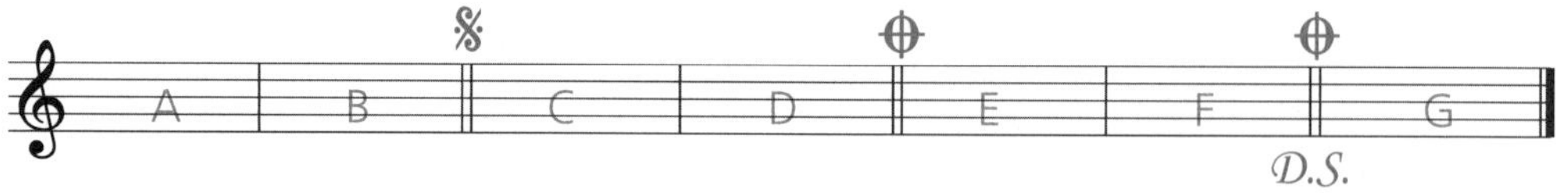

A → B → C → D → E → F → C → D → G

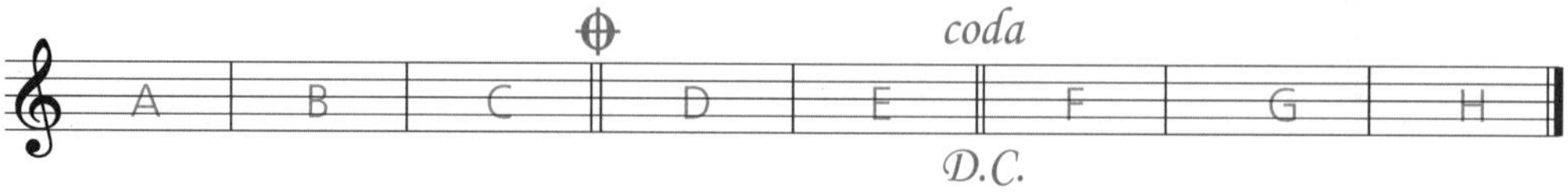

A → B → C → D → E → A → B → C → F → G → H

A → B → C → D → E → A → D

⑥ 꾸밈음(Ornament Mark)

꾸밈음은 악곡의 멜로디 부분을 아름답게 장식하기 위하여 붙여진 작은 음표나 기호를 말한다. 꾸밈음은 14세기의 팔레스트리나 음악에서 그레고리안 성가에 연주자의 기교를 과시하기 위하여 즉흥적으로 한 음을 여러 개의 꾸밈음으로 노래하는 창법에서 시작되었으나 17세기와 18세기에 가장 많이 발전하여 작곡자들은 강조하고자 하는 음에 꾸밈음을 표시하였다. 그 당시의 건반악기인 하프시코드나 클라비코드처럼 음이 지속되지 않는 악기를 위해서 쓰여졌다. 동요 반주에서도 멜로디를 화려하게 또는 경쾌한 기분을 더해 주기 위하여 사용할 수 있다.

(a) 앞 꾸밈음(Appoggiatura)

(1) 짧은꾸밈음

기보법 연주법

(2) 긴 꾸밈음

기보법 연주법

(b) 뒤 꾸밈음(After Note)

기보법 연주법

(c) 떤 꾸밈음(Trill & Tremolo)

(d) 돈 꾸밈음(Turn)

(e) 잔결 꾸밈음(Mordent)

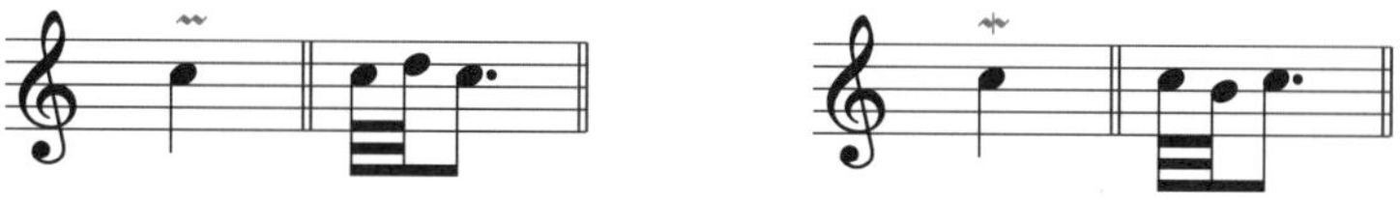

∿는 프랄트릴러(Pralltriller)라하며 연주법은 본디음에서 위로 2도의 음을 거쳐 곧 본디음으로 돌아오도록 연주한다.

∿|는 모르덴트(Mordent)라 하며 연주법은 본래음에서 아래로 2도의 음을 거쳐 다시 본래음으로 돌아오도록 연주한다.

(f) 층거리 꾸밈음(Arpeggio)

기보법 연주법

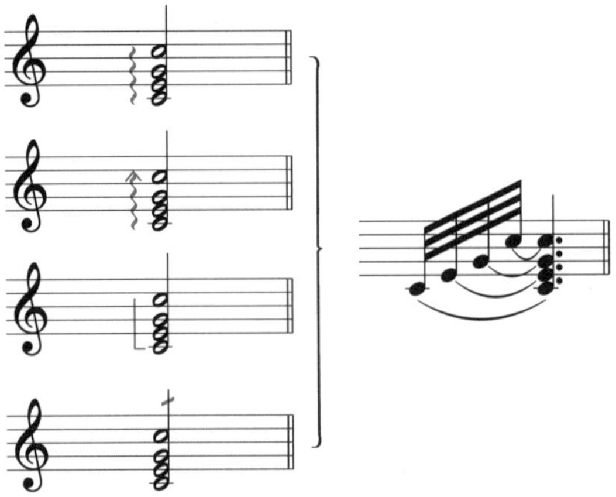

기보법 연주법

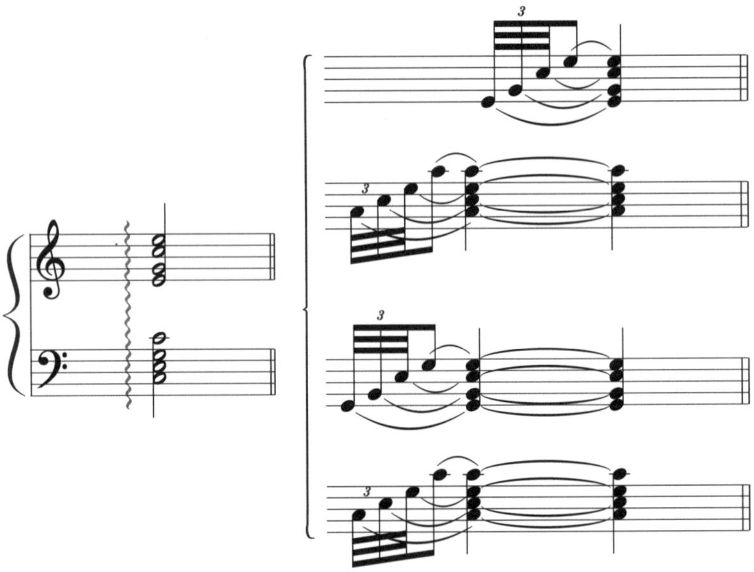

제4장 음정(Interval)

음정이란 두 음 사이의 거리를 말하는데 그 단위를 숫자와 도로 나타낸다. 음정은 원음을 몇 개 포함하느냐에 따라 달라지는데, 예를 들어 같은 높이의 음을 1도라 하고 음의 거리가 하나씩 넓어질 때마다 2도, 3도…… 등으로 명명된다. 더 쉬운 방법은 두 음 사이의 음들의 계이름을 읊어나가면 정확한 도수를 알 수 있다.

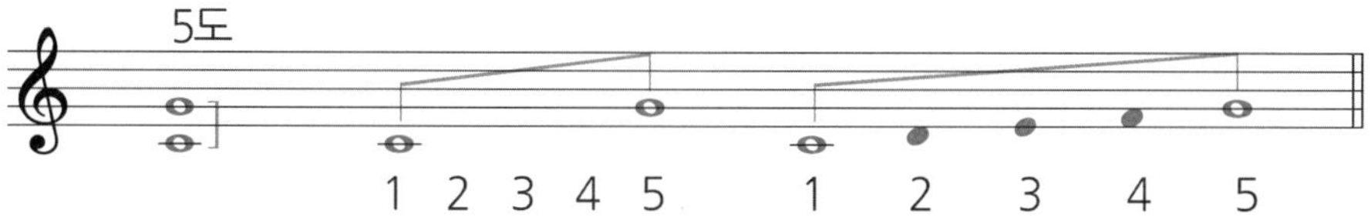

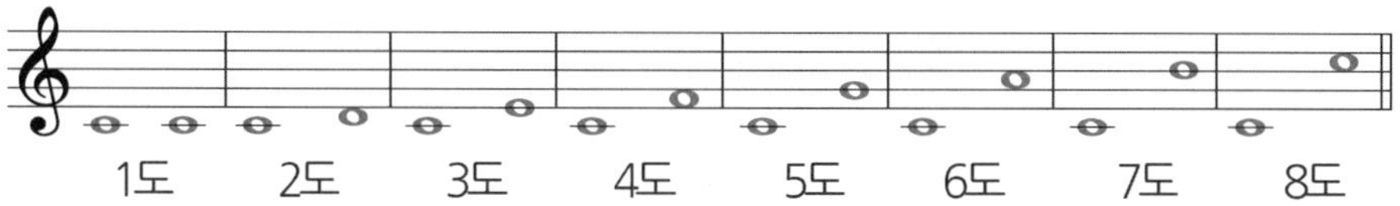

1. 가락음정과 화성음정

가락음정(Melodic Interval)은 차례로 울리는 두 음 사이에 높이에 따른 거리이고, 화성음정(Harmonic Interval)은 동시에 울리는 두 음 사이의 거리이다.

화성음정

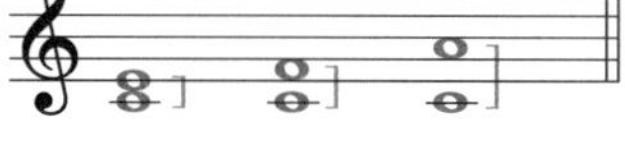

가락음정

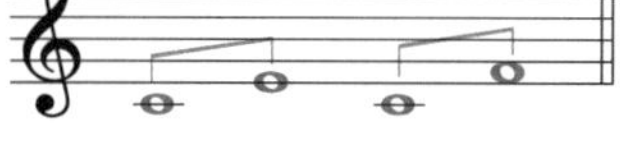

2. 홑음정과 겹음정

완전 8도(1옥타브) 이내의 음정을 홑음정이라 하며, 옥타브를 넘는 음정을 겹음정이라 한다. 겹음정은 두 음 사이의 도수에서 옥타브에 해당하는 음정 7도를 빼고 홑음정으로 생각하여도 음정의 성격이 같으므로 무방하다.

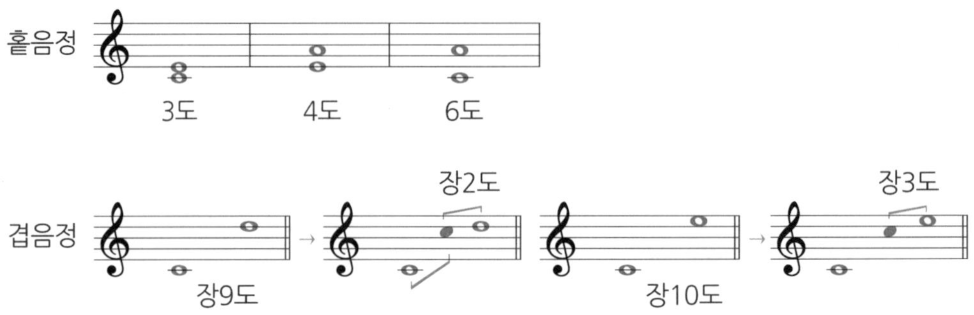

3. 음정의 성질

음정의 성질에는 완전 1도를 기준으로 해서 온음과 반음의 수에 따라 완전음정(Perfect Interval), 장음정(Major Interval), 단음정(Minor Interval), 증음정(Augmented Interval), 감음정(Diminished Interval) 등으로 나타낸다. 이것들은 어느 음정에나 똑같이 적용되는 것이 아니라 크게 나누어 완전 체계의 음정으로는 완전, 증, 감, 겹증, 겹감이 사용되고 장· 단체계에서는 장, 단, 증, 감, 겹증, 겹감이 사용된다.

(1) 온음계적 음정과 반음계적 음정

음정은 크게 나누어 온음계적 음정과 반음계적 음정으로 나누어진다.

온음계적 음정은 장음계와 자연 단음계에 포함되어 있는 음정으로서 두 음 사이의 거리에 변화표가 붙지 않은 음정이며, 반음계적 음정은 음정을 이루고 있는 한 음이나 또는 두 음에 변화표가 붙어서 구성된 음정을 말한다.

음정의 성질을 판단하는 기준이 되는 반음은 온음계적 음정이나 반음계적 음정에 모두 포함되어 있으나 온음계적 음계에 포함되어 있는 반음, 즉 온음계적 반음과 그 조의 온음계 음을 반음계적으로 변화시켜서 이루어진 반음계적 반음이 포함되어 있는지에 따라 달라지게 된다. 온음계적 음정은 음계 상에서 살펴보면 14개가 있다.

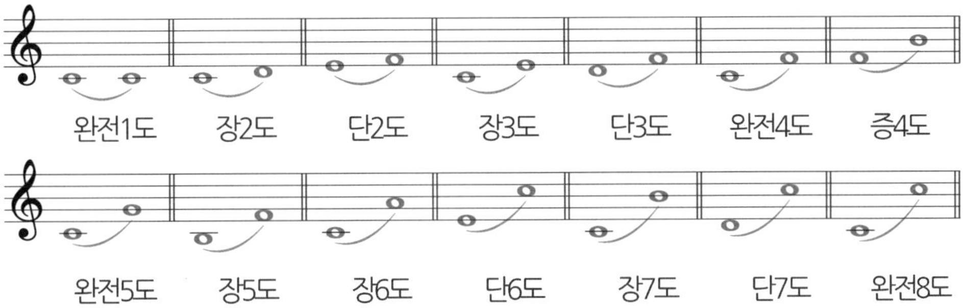

★ **반음계적 음정**

(2) 겹감음정과 겹증음정

증음정보다 반음 더 넓은 것을 겹증음정이라 하고 감음정보다 반음 더 좁은 것을 겹감음정이라 한다.

4. 음정의 판단

C음을 기준으로 옥타브의 8개음을 기본 음정으로 할 때 1, 4, 5, 8도는 완전음정이며 2, 3, 6, 7도는 장음정 또는 단음정으로 쓰일 수 있다.

음정의 성질을 판단할 수 있는 두 음 사이에 포함되어 있는 온음과 반음의 관계를 알아보면 다음과 같다.

음정의 성질	완전음정	장음정	단음정
	1, 4, 5, 8도	2, 3, 6, 7도	2, 3, 6, 7도
음정의 성질 변화	증음정(완전+반음) 감음정(완전-반음)	증음정(장음정+반음) 단음정(장음정-반음)	장음정(단음정+반음) 감음정(단음정-반음)

★ 음정의 성질에 따른 온음과 반음의 포함 관계

음정	완전1	장2	단2	장3	단3	완전4	완전5	장6	단6	장7	단7	완전8
온음 갯수	0	1	0	2	1	2	3	4	3	5	4	5
반음 갯수	0	0	1	0	1	1	1	1	2	1	2	2

위의 표에서 보는 바와 같이 음정의 반음 포함관계는 단2도와 단3도, 완전4도와 완전5도, 장6도와 장7도가 각각 반음1개씩 포함되어 있고 단6도와 단7도 완전8도가 반음2개씩 포함되어 있음을 알 수 있다.

이 기본적인 포함 관계에서 변화표에 의해서 반음이 추가되거나 감소됨에 따라서 음정 성질의 변화가 일어나는 것이다.

5. 음정의 공식(반음의 증감에 따른 음정의 판단법)

① 장음정 - 반음 = 단음정, 단음정 + 반음 = 장음정

② 장음정, 완전음정 + 반음 = 증음정

③ 단음정, 완전음정 - 반음 = 감음정

④ 증음정 + 반음 = 겹증음정

⑤ 감음정 - 반음 = 겹감음정

6. 어울림음정과 안어울림음정

음정을 만드는 두 음이 조화 있게 잘 어울려 들리는 것을 어울림음정(Consonant interval) 이라 하고 그 반대로 잘 어울리지 못하여 불편하게 들리는 것을 안어울림음정(Dissonant interval) 라고 한다. 어울림음정은 다시 완전 어울림음정(Perfect Consonant interval) 과 불완전 어울림음정(Imperfect Consonant interval)으로 나눈다. 완전 어울림음정은 완전1도, 완전4도, 완전5도, 완전8도가 속하고 불완전 어울림음정에는 장3도, 장6도, 단3도, 단6도이며 안어울림음정에는 장2도, 단2도, 장7도, 단7도, 증4도, 감5도 등 그밖에 증음정 또는 감음정들이 이에 해당된다. 어울림음정과 안어울림음정의 판단은 주관적이며 감각적인 것 이여서 특별한 의미를 지니지 못하지만 유아를 위한 동요에서는 어울림음정의 사용으로 긍정적이고 아름다운 화음의 연출이 중요하다.

제5장 음계(Scale)

어떤 음을 기초로 하여 음을 일정한 질서에 따라 높이의 차례로 배열한 것을 음계라고 한다. 이 음계의 배열은 시대의 흐름이나 민족성에 따라 달라질 수 있기 때문에 여러 가지 특성 있는 음계가 존재한다. 이들 중 서양음악에 가장 기본이 되는 음계는 장음계와 단음계이다.

1. 장음계(Major Scale)

장음계란 어떤 음을 기초로 해서 2도씩 쌓아지는 음계이며 8개의 음을 배열할 때 셋째 음과 넷째 음 사이, 일곱째 음과 여덟째 음 사이가 반음이고 나머지는 온음, 즉 2개의 반음과 5개의 온음으로 구성되어 있으며, 구성 원리는 중세 로마 교회에서 사용하던 완전4도로 배열된 tetrachord가 2개 연결되어 이루어진 것에서 비롯된다.

모든 장음계의 음정 배열은 다음 도표에서 보는 바와 같이 온음-온음-반음-온음-온음-온음-반음으로 이루어져 있고 장음계를 구성하는 각 음악의 흐름 내에서 기여하는 각 음의 역할에 따라 각기 고유한 도명(度名, Degree name)을 갖는다.

먼저 바탕이 되는 밑음을 으뜸음(Tonic)이라 하고 으뜸음에서 5도 위에 있는 음의 딸림음(Dominant), 5도 아래에 있는 음을 버금딸림음(Subdominant)이라 한다. 으뜸음과 딸림음 가운

데 있는 음은 가운데 있다는 뜻으로 가온음(Mediant), 딸림음과 으뜸음 가운데 비스듬히 있는 음은 버금가온음(Submediant)이다. 또 일곱 번째 음은 으뜸음으로 가려는 성질이 있고 이끌어 주는 음이라 하여 이끔음(Leading Tone)이라 하고, 두 번째 있는 음은 으뜸음 바로 위에 있기 때문에 웃으뜸음(Supertonic)이다.

(1) 올림표 장음계

"다"음을 바탕으로 하여 완전5도(딸림조) 위의 음을 차례로 잡아 가면, 사, 라, 가, 마, 나, 올림바, 올림다를 으뜸음으로 한 장음계가 구성된다. 이와 같은 장음계를 올림표로 된 장음계라고 한다.

완전5도위 ⟶

C → G → D → A → E → B → F# → C#

"사"(G)를 으뜸음으로 하여 다음과 같이 배열하면, 6째와 7째음 사이가 반음이다 원래 장음계의 기본 음정 배열은 6째와 7째가 반음이 아니고 7째와 8째가 반음이어야 하기 때문에 장음계가 되지 못한다. 그러므로 장음계의 배열이 되기 위해서는 제7음을 반음 올려야 한다.

이렇게 해서 이루어진 것이 사장조의 음계이다.

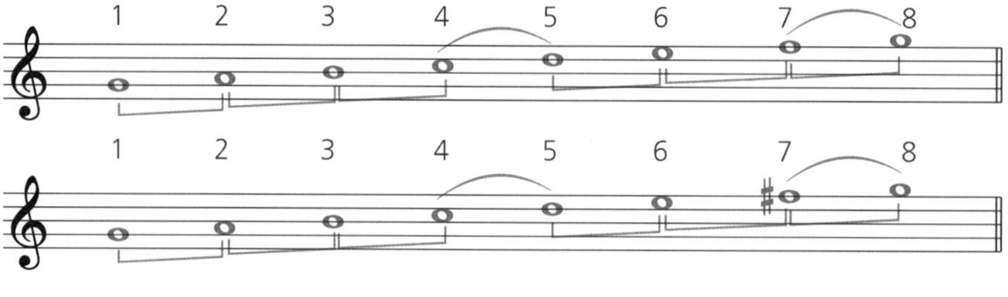

사장조의 제7음인 F를 반음 올리기 위해서 #을 붙여 주고 이것이 항상 적용하기 위해서 보표 첫 머리에 조표로서 기입한다. 이 조표의 #은 그 악곡 중에 나오는 모든 파(F)음을 반음 올리는 효력이 적용된다.

이렇게 되풀이하면 올림표로 된 다른 여러 가지 장음계가 배열된다.

• 사장조의 음계(G Major)

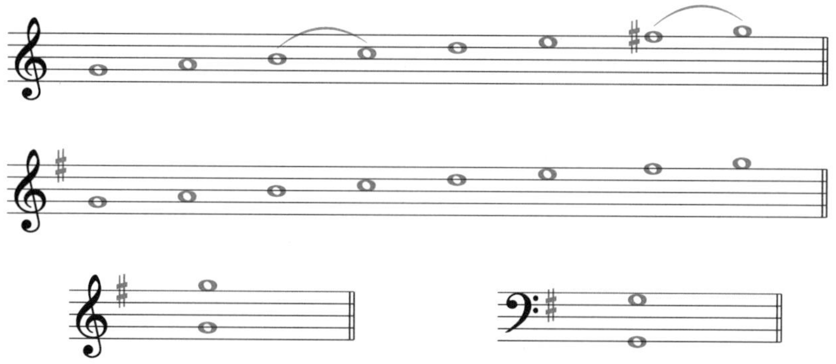

• 라장조의 음계(D Major)

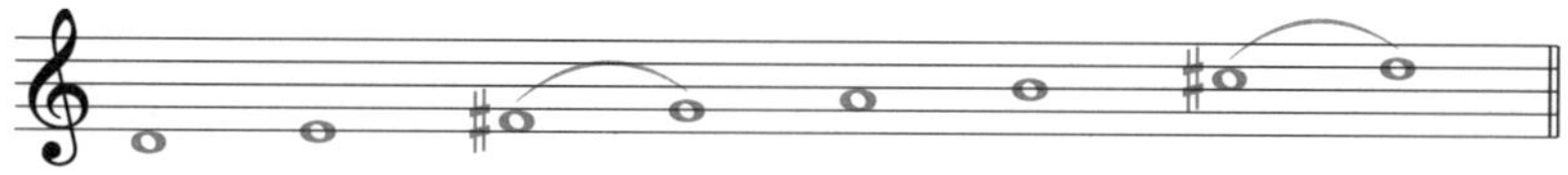

• 가장조의 음계(A Major)

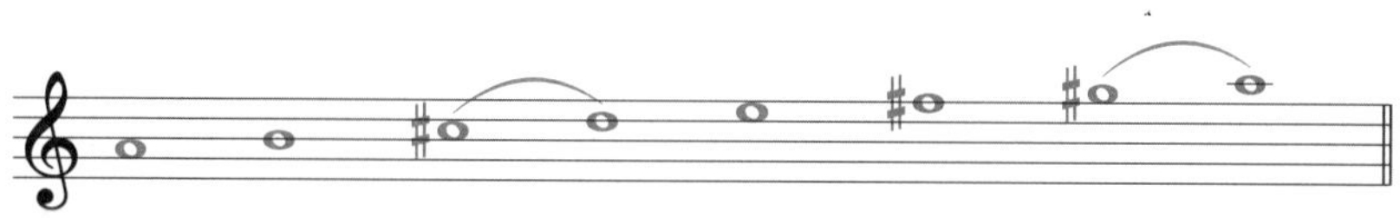

• 마장조의 음계(E Major)

• 나장조의 음계(B Major)

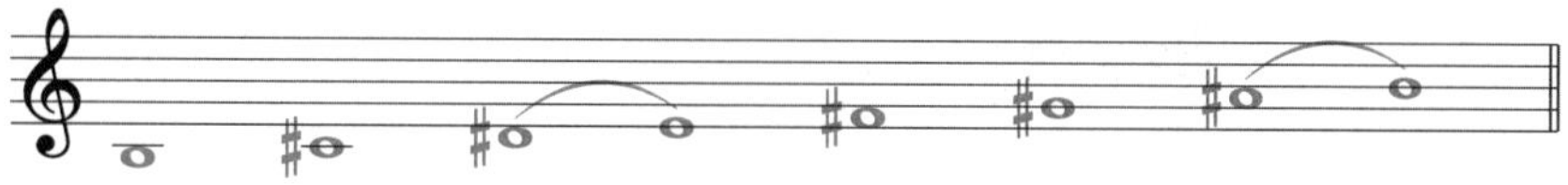

• 올림바장조의 음계(F♯ Major)

• 올림다장조의 음계(C♯ Major)

이렇게 구성된 올림 장음계를 살펴보면 항상 조표의 마지막 ♯이 그 음계의 제7음인 이끔음에 붙으며 ♯이 붙은 그다음 음이 으뜸음이 된다는 것을 짐작할 수 있다. 이 사실로 우리는 조표를 보고 으뜸음을 알아내고 음계를 판단할 수 있게 된다.

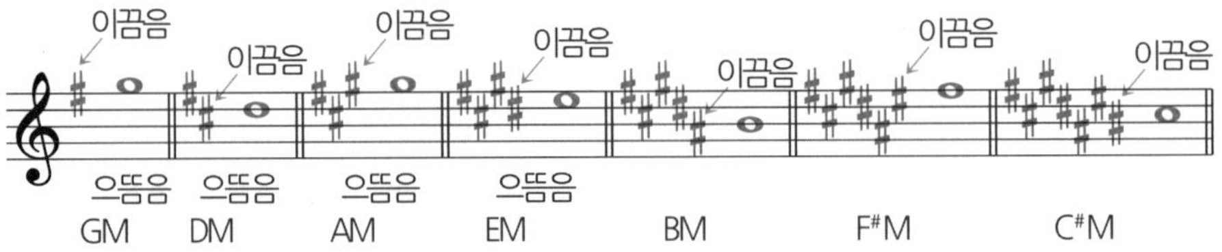

(2) 내림표 장음계

"다"음을 바탕음으로 하여 완전 5도씩 아래의 음(버금딸림조)을 선택하여 가면 바, 내림나, 내림마, 내림가, 내림라, 내림사, 내림다를 으뜸음으로 한 장음계가 구성된다. 이것을 내림표로 된 장음계라고 한다.

완전5도아래 ⟶

C →F → Bb → Eb → Ab → Db → Gb → Cb

"바"(F)음을 으뜸음으로 하여 다음과 같이 배열하면, 3째 음과 4째 음의 사이가 반음이 되지 않아 기본 장음계의 배열이 되지 않는다.

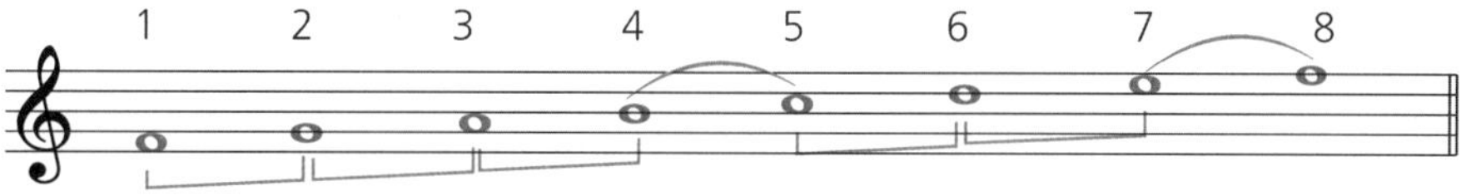

그러므로 장음계의 배열이 되기 위해서는 제4음을 반음 내려야 한다. 그러면 온음-온음-반음-온음-온음-온음-반음의 기본 장음계의 구조가 만들어지게 된다. 이것이 바로 바장조의 음계이다.

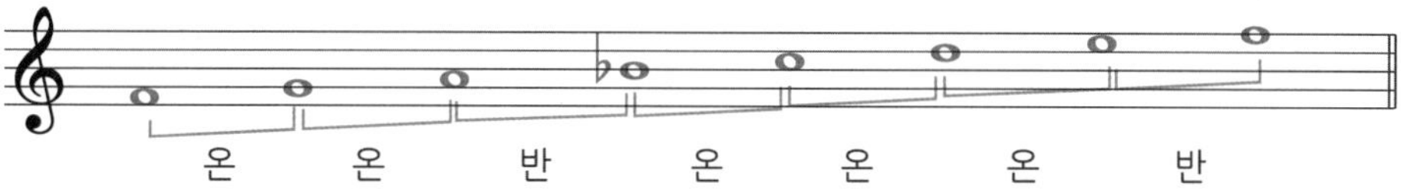

그리고 이 내림표를 보표 첫 머리에 조표로서 기입하고 악곡에서 나오는 모든 시(B)음을 반음 내리는 효력이 적용된다.

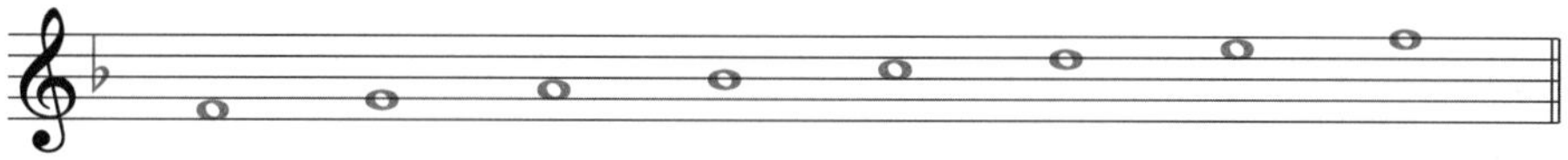

이렇게 되풀이하면 역시 내림표로 된 다른 여러 가지 장음계가 배열된다.

• 바장조의 음계

• 내림 나장조의 음계

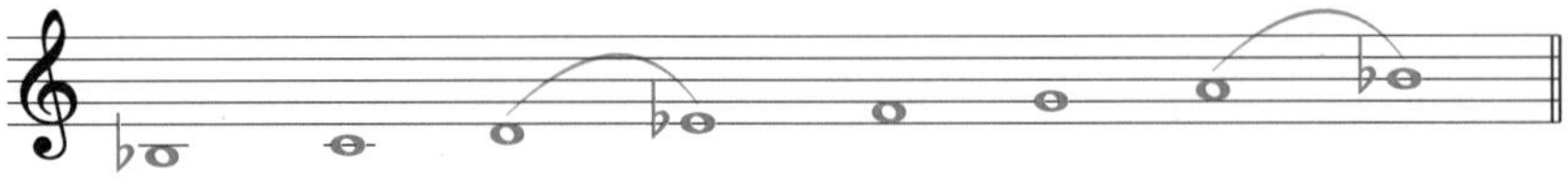

• 내림 마장조의 음계

• 내림 가장조의 음계

• 내림 라장조의 음계

• 내림 사장조의 음계

• 내림 다장조의 음계

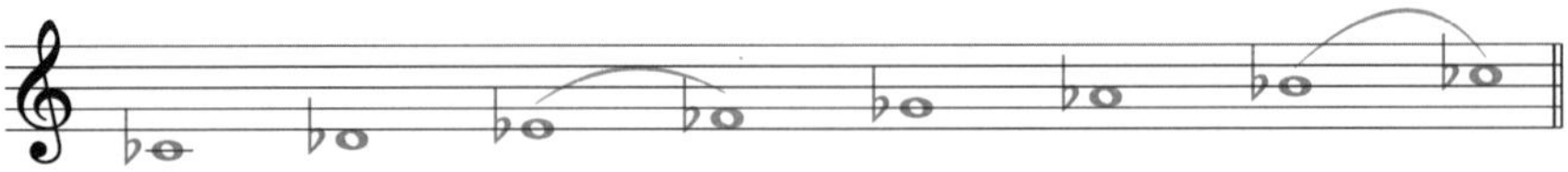

이렇게 구성된 내림 장음계를 살펴보면 항상 ♭이 붙는 음은 으뜸음으로부터 4번째 음이 된다. ♭이 붙는 순서대로 생각할 때 마지막 ♭바로 전의 ♭이 으뜸음이 된다는 것을 알 수 있다. 이 사실로 우리는 조표를 보고 으뜸음을 알아내고 음계를 판단할 수 있게 된다.

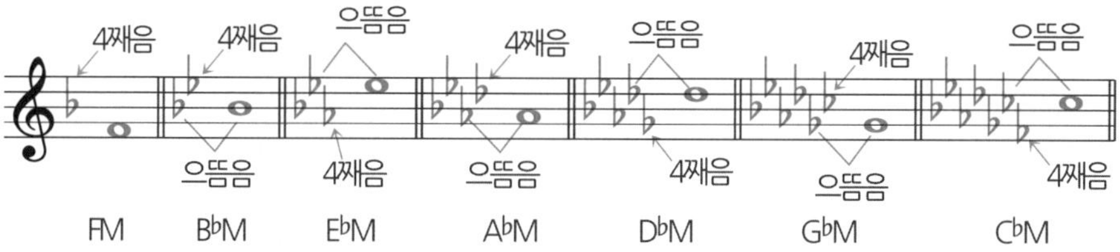

조표가 붙는 순서를 더 쉽게 알아내는 방법은 다음과 같은 문장을 기억하는 것이다.

#이 붙는 순서 → ← ♭이 붙는 순서

fa → do → sol → re → la → mi → si

(3) 장음계의 조표 붙이는 방법과 으뜸음 찾는 법

① 조표가 없을 때는 다장조이다.

② 올림표의 조표를 붙이는 차례는, 다섯째 줄 위의 올림표에서 시작하여 완전4도 하행과 완전5도의 상행을 번갈아 하며 알아보기 쉽게 적는다. 올림바(파)에서 시작하여, 올림다(도), 올림사(솔), 올림라(레), 올림가(라), 올림마(미), 올림나(시)의 차례로 붙인다. 즉, 마지막 올림표의 바로 위의 음이 으뜸음이 된다.

③ 내림표의 조표는 셋째 줄 위의 내림표에서 시작하여 완전4도 상행과 완전5도의 하행을 번갈아 가며 붙이게 된다. 내림나(시)에서 시작하여, 내림마(미), 내림가(라), 내림라(레), 내림사(솔), 내림다(도), 내림바(파)의 차례로 붙인다. 즉 마지막 붙은 내림표의 바로 전에 있는 내림표 자리가 으뜸음이 된다.

올림표와 내림표를 붙이는 차례대로 높은음자리표에 표기해 보면 다음과 같은 조성과 으뜸음을 정리해 볼 수가 있다.

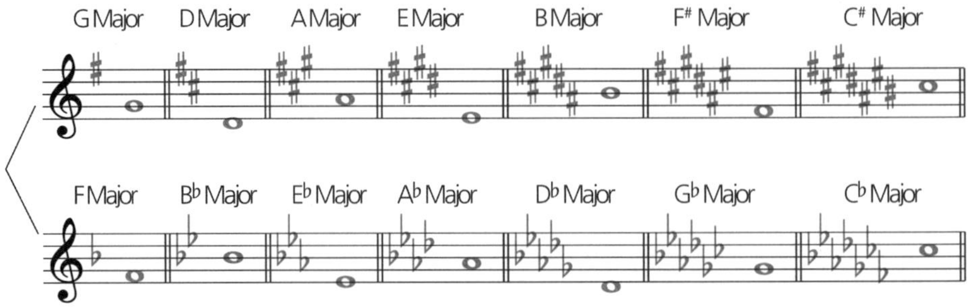

올림표와 내림표를 붙이는 차례대로 낮은음자리표에서도 표기해 보자.

2. 단음계(Minor Scale)

단음계는 음정 구조의 배열에 따라 자연단음계, 화성단음계, 가락단음계의 세 가지로 나누어 진다. 단음계의 으뜸음은 장음계의 으뜸음보다 단3도 낮은음이 으뜸음이 되며 이때 단음계는 장음계의 나란한조 또는 관계단조라 한다. 예를 들어 C장조의 으뜸음인 C음의 단3도 아래의 a음은 C장조의 관계단조인 a단조의 으뜸음이 된다. 반대로 a단조의 관계장조는 C장조가 되는 것이다.

(1) 자연단음계(Natural minor Scale)

자연이란 이름은 어떤 장음계에서든지 단3도 아래에 음렬을 놓으면 자연적으로 단음계가 형성되기 때문에 붙여진 이름이다. 장음계는 제3음과 제4음의 사이, 제7음과 제8음의 사이가 반음인데 비하여 자연단음계는 제2음과 제3음, 제5음과 제6음의 사이가 반음이다. 이와 같은 음계를 자연단음계라 한다.

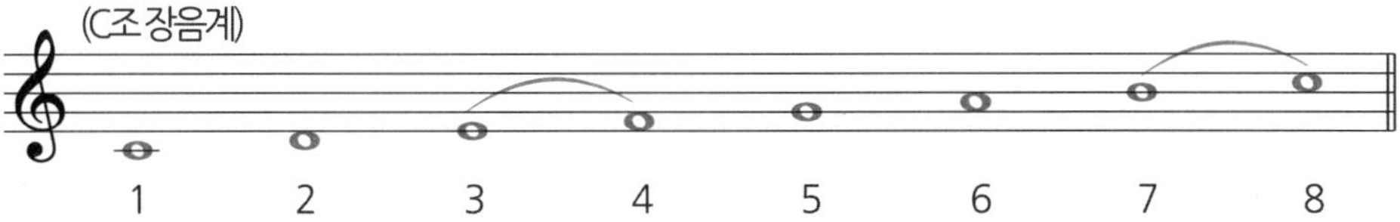

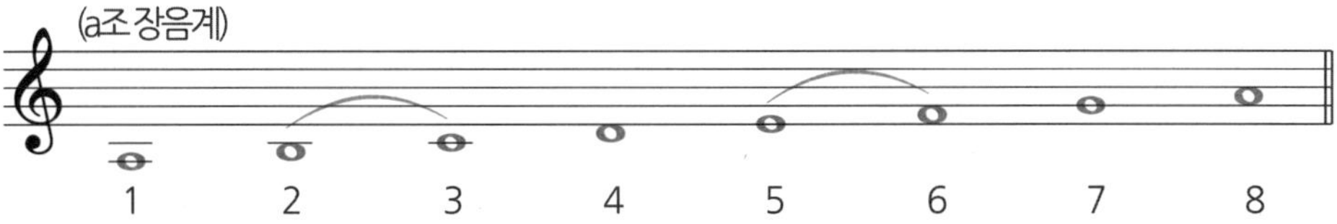

(2) 화성단음계(Harmonic minor Scale)

자연단음계의 배열에 제7음(이끔음)을 반음 올림으로서 으뜸음으로 나아갈 때의 충분한 종지감이 들도록 한 것이 화성단음계이다. 음계의 상행이나 하행이 동일하며 일반적으로 가장 많이 사용되는 단음계이다.

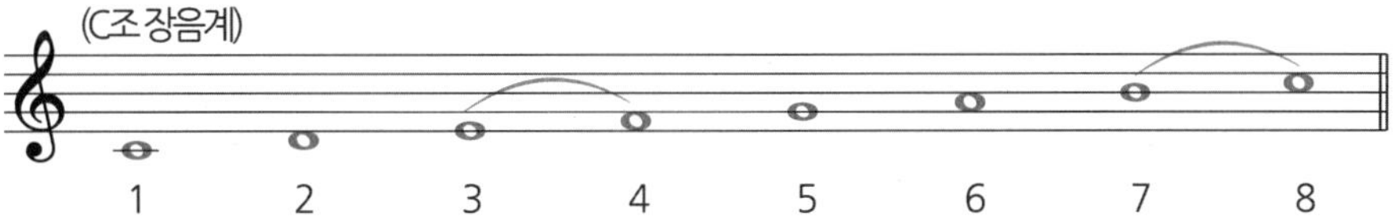

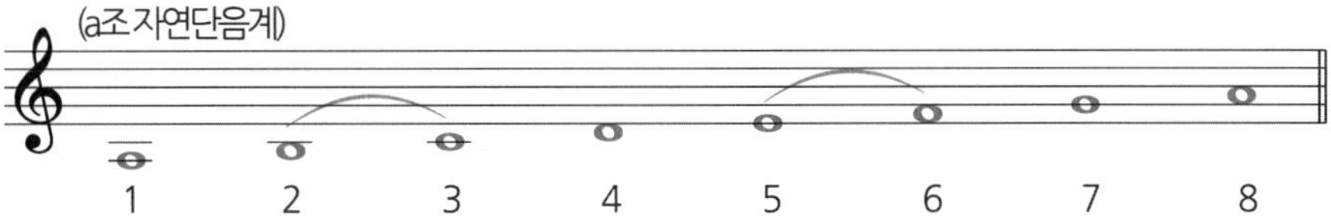

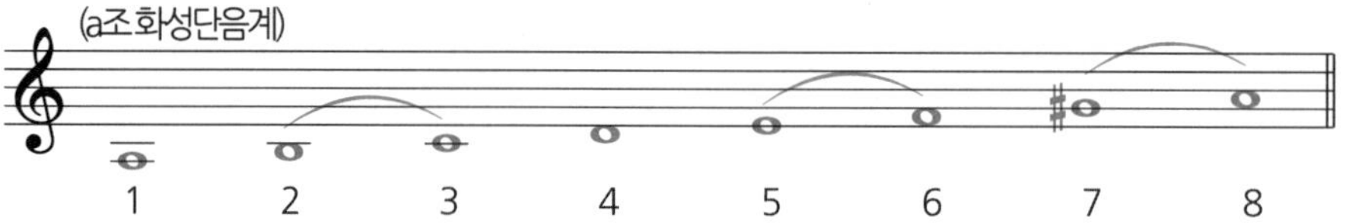

(3) 가락단음계(Melodic minor scale)

가락단음계는 멜로디의 원활한 진행을 위해 자연단음계의 제6음과 제7음을 모두 반음씩 올려놓은 음계이다. 상행 때는 자연단음계의 제6음과 제7음을 반음 올리고 하행할 때는 제자리로 돌아와 자연단음계와 같다. 자연단음계는 어디까지나 기본형일 뿐이며, 실제로는 현재 거의 사용되고 있지 않다. 화성단음계나 가락단음계를 구성할 때 사용되는 ♯, ♭, ♮ 등은 임시표로서 사용하고 조표로는 사용하지 않는다.

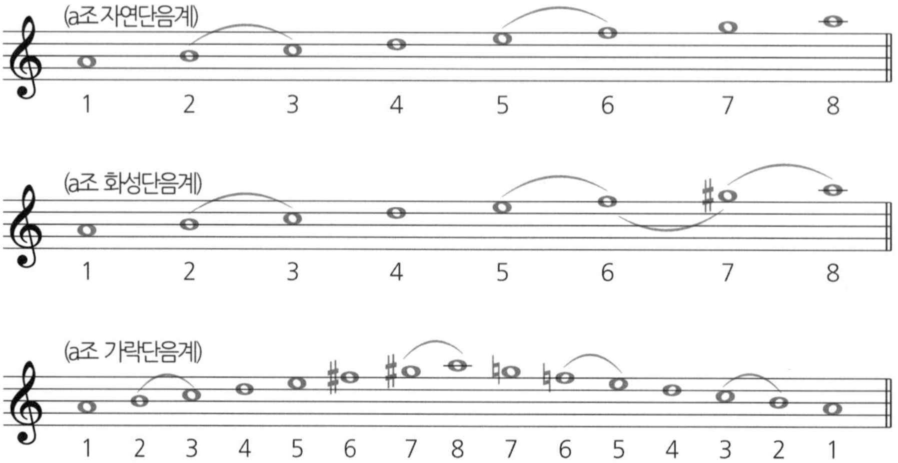

3. 조이름

음계의 종류와 으뜸음을 나타내는 말을 조라 하고, 으뜸음의 음이름과 음계의 이름(장음계 혹은 단음계)을 합쳐서 조이름이라고 한다.

"사"음을 으뜸음으로 하는 장조를 사장조라 하며, "마"음을 으뜸음으로 하는 단조를 마단조라고 한다. 일반적으로 장조는 Major, 단조는 minor라는 용어를 사용하는데 사장조는 G Major, 마단조는 e minor로 표기한다.

또는 조이름의 으뜸음을 대문자 또는 소문자로 표기함으로써 더 간편하게 장조와 단조를 표시하기도 하는데 G장조는 G로, g단조는 g로 적는다.

장조에서 조표가 없을 때는 다장조(C major)이고 단조에서 조표가 없을 때는 가단조(a minor)이다. 단음계는 단3도 위의 음을 으뜸음으로 하는 장음계의 조표와 동일하다. 따라서 같은 조표에서도 그 으뜸음의 위치에 따라서 장음계도 되고 단음계도 된다. 장조와 단조의 조표를 정리해 보면 다음과 같다.

제6장 조옮김

1. 조옮김의 필요성

동요는 어린이들을 위한 곡으로 어린이들의 목소리를 감안하여 작곡되지만 어린이들의 목소리가 원조보다 높거나 낮은 경우가 있다. 이럴 때 어린이들의 목소리에 따라서 악보의 음정을 전체적으로 옮겨야 할 때가 있다. 이와 같이 교육형편에 따라 악곡 멜로디의 음정을 원조에서 전체적으로 올리거나 내려서 다른 조성으로 옮기는 것을 조옮김이라 한다.

2. 조옮김의 방법

① 원조를 필요한 음정만큼 위, 아래로 옮겨 새로운 조표를 적는다.

② 원조와 새로운 조의 으뜸음에 의한 음정을 조사한다.

③ 새로운 조의 멜로디를 새로운 조에 맞는 계이름이 되도록 적는다.

④ 임시표에 대한 검토를 하고 연주하여 본다.

원조→바장조

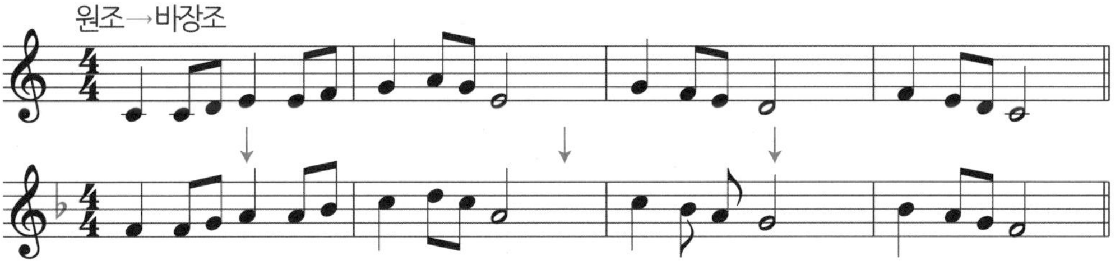

바장조→사장조

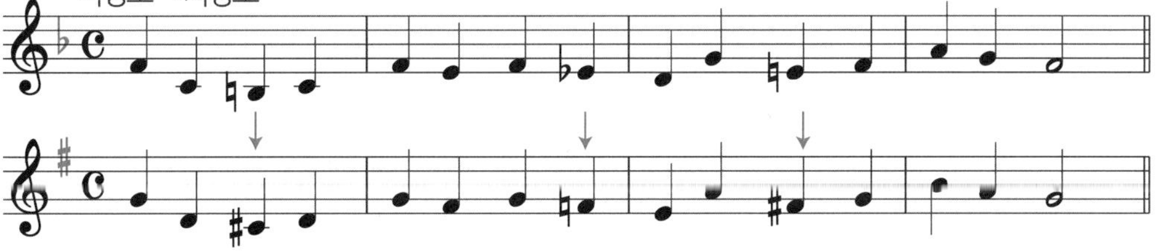

제7장 각 조의 주요 3화음과 화음 선택법

높이가 다른 두 음이 동시에 울릴 때 화음(chord)이라 하고, 이 화음이 연결되는 것을 화성(harmony)이라 한다. 동요의 아름다운 멜로디에 화성적인 완성을 위해서는 노래에 적절한 화음과 반주형의 선택이 중요하다.

1. 3화음(Triad chord)

어느 음 위에 3도와 5도의 음을 겹쳐서 이루어지는 화음을 3화음(Triad)이라 한다. 3화음의 밑음에서 3도 위의 음을 3음, 5도 위의 음을 5음이라 하는데, 밑음은 그 화음의 위치를 정해주며 3음은 장3화음 또는 단3화음인가에 따라 그 화음의 성질을 나타내고 5음은 그 화음을 보강시켜 주어 완전한 화음을 만들어 준다.

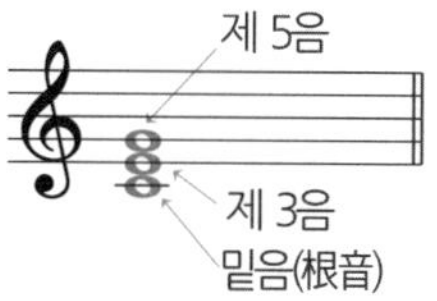

(1) 3화음의 종류

① 장3화음(Major Triad) = 장3도 + 완전5도

② 단3화음(Minor Triad) = 단3도 + 완전5도

③ 증3화음(Augmented Triad) = 장3도 + 증5도

④ 감3화음(Diminished Triad) = 단3도 + 감5도

장3도는 온음2개로 구성된 화음이며 단3도은 온음 1개와 반음 1개로 구성된 화음이다. 장3도가 온음 3개와 반음 1개인 완전5도와 같이 울리면 장3화음이 되고 단3도가 완전5도와 함께 울리면 단3화음이 된다.

장3도가 완전5도에 반음이 추가된 증5도와 함께 울리면 증3화음이 되고 단3도가 완전5도에 반음이 감소된 감5도와 함께 울리면 감3화음이 된다.

반음이 추가되거나 감소됨에 따라서 음정의 성질이 달라지게 된다.

장음계와 단음계 위에서 각 음 위에 3화음을 만들면 다음과 같은 여러 가지의 화음들이 구성된다.

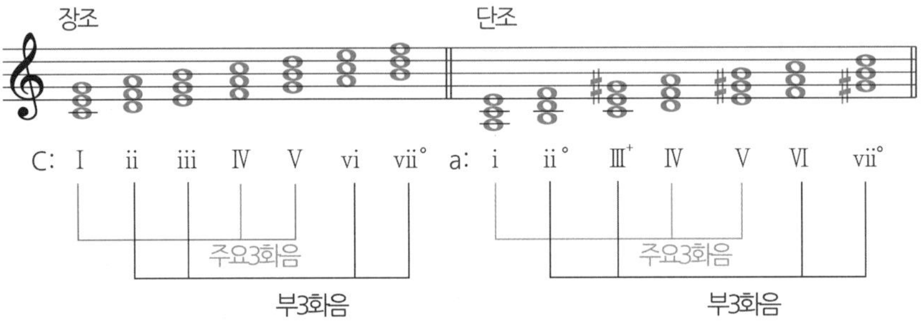

위에서 보는 바와 같이 음계의 음도(Degree) 순서에 따라 로마숫자로 화음표를 쓰거나 음도명을 적용하여 화음의 이름을 붙인다. 이는 3화음의 성질을 나타내는데 장3화음은 대문자로, 단3화음은 소문자로, 감3화음은 소문자에 °을 표시하고 증3화음은 대문자에 +를 표시한다.

장음계와 단음계의 으뜸화음(I), 버금딸림화음(IV), 딸림화음(V)을 주요 3화음(Primary Triad)라 하는데 이는 동요 반주에서 가장 빈번하게 사용되고 음악의 골격을 이룬다. 단조의 경우 장조와 온음과 반음의 음의 구성이 다른 모습을 가지고 있다. 3화음 중 제3음의 상태에 따라 3화음의 성질이 결정된다. 나머지 ii, iii, vi, vii 의 화음들은 부3화음(Secondary Triad)이라 하며 주요 3화음에 대체되거나 진행을 보좌하는 역할을 한다.

이들 화음들은 배치에 따라 근음이 아닌 3음이나 5음이 밑음자리에 위치함으로써 화음의 자리바꿈이 이루어지기도 한다.

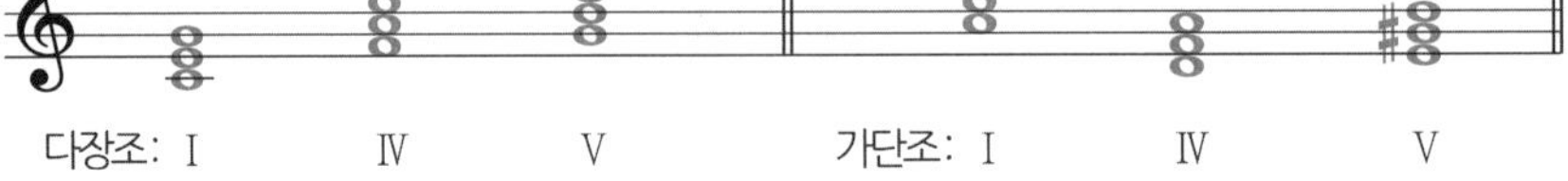

2. 7화음

7화음은 밑음으로부터 4개의 음을 3도의 음정 간격으로 쌓아 올린 화음을 말한다.

7화음의 결합 상태에 따라 성격이 다른 장7화음, 단7화음, 증7화음, 감7화음 등의 형태가 있으나 이 중 가장 널리 쓰이는 것이 딸림7화음인데 이는 가장 잘 어울리는 화음으로써 주요 3화음과 더불어 자주 사용된다.

장조

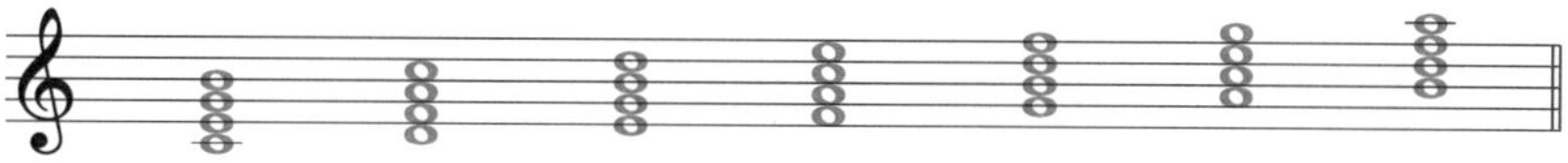

I_7 II_7 III_7 IV_7 V_7 VI_7 VII°_7

단조

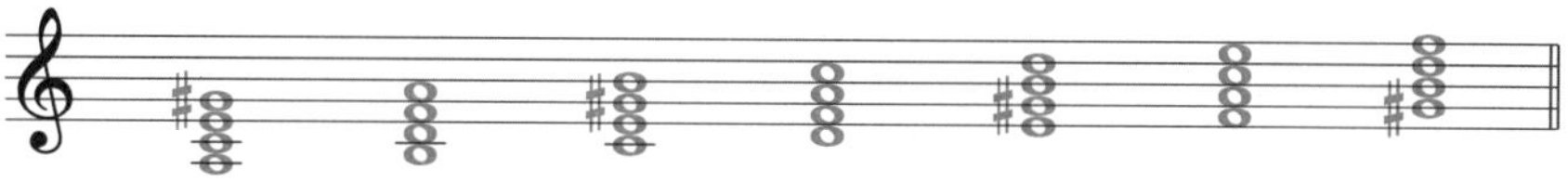

I_7 II°_7 III^{+}_7 IV_7 V_7 VI_7 VII°_7

3. 조성별 주요 3화음

- 동요에서 많이 사용하는 내림표가 있는 장조의 주요 3화음과 딸림 7화음

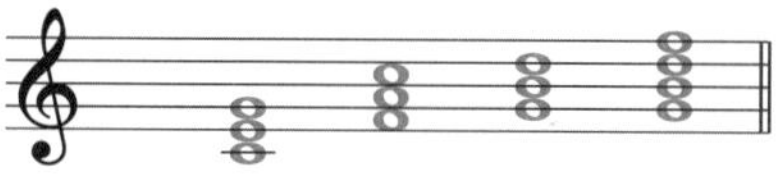

다장조: I IV V V_7

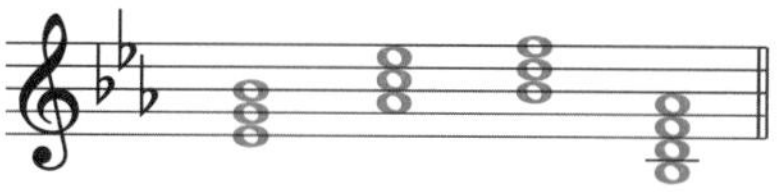

내림 마장조: I IV V V_7

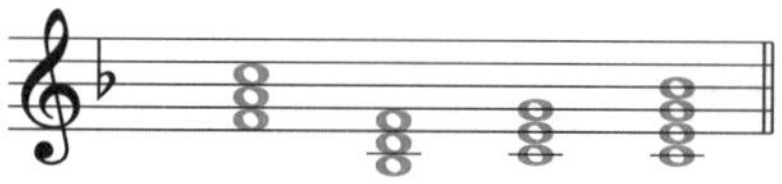

바장조: I IV V V_7

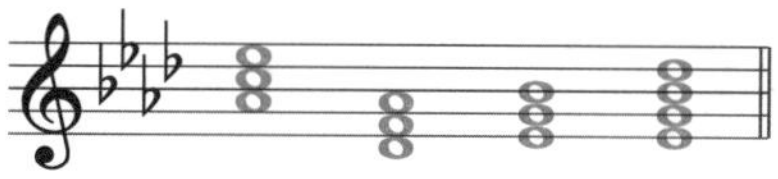

내림 가장조: I IV V V_7

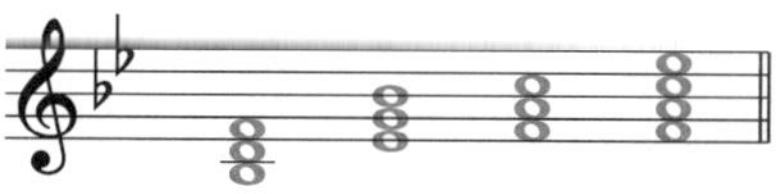

내림 나장조: I IV V V_7

• 동요에서 많이 사용하는 올림표가 있는 장조의 주요 3화음과 딸림 7화음

• 동요에서 많이 사용하는 내림표가 있는 단조의 주요 3화음과 딸림 7화음

• 동요에서 많이 사용하는 올림표가 있는 단조의 주요 3화음과 딸림 7화음

4. 화음의 자리바꿈(Inversion)

밑음을 제일 아래에 둔 3화음을 기본형이라 하고, 화음 중의 어느 음을 옥타브 올리거나 내려서 자리바꿈하여 화음 구성음의 배치를 변화시킨 것을 전위 또는 자리바꿈형이라 한다. 화음을 자리바꿈하여 사용하면 기본형만을 사용하는 것보다 다양한 분위기를 만들어내고 화음의 진행을 부드럽게 할 뿐만 아니라 건반악기에서 반주할 때 도약하는 어려움을 훨씬 줄일 수 있다. 또한 건반 가까이에서 연주할 수 있으므로 안전하며 손가락의 움직임을 더욱 편리하고 민첩하게 한다.

화음의 자리바꿈은 아래 악보에서 보는 바와 같이 3화음을 두 번 자리바꿈 하는 것과 7화음을 세 번 자리바꿈하는 방법이 있다.

각 자리바꿈형의 화음은 용도와 분위기가 다르고 사용하는 화성기호도 각각 다르다. 3화음의 첫째 자리바꿈은 제3음을 밑음으로 둔 화음 형태이며 이때 밑음과 가장 높은 음의 음정이 6도가 되므로 "6의화음"이라고 한다.

둘째 자리바꿈은 3화음의 제5음을 밑음으로 둔 화음 형태이며, 이때 밑음과 중간음과는 4도, 가장 높은음과의 음정이 6도가 되므로 "4 · 6의화음"이라고 한다.

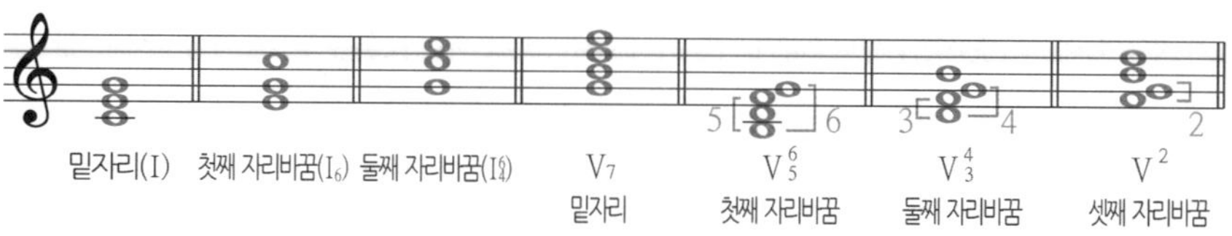

다음의 악보에서 보듯이 주요 3화음의 원형으로 반주하는 것보다 주요 3화음의 자리바꿈형으로 건반상에서 안정적인 반주의 형태를 구성할 수 있다는 것을 알 수 있다.

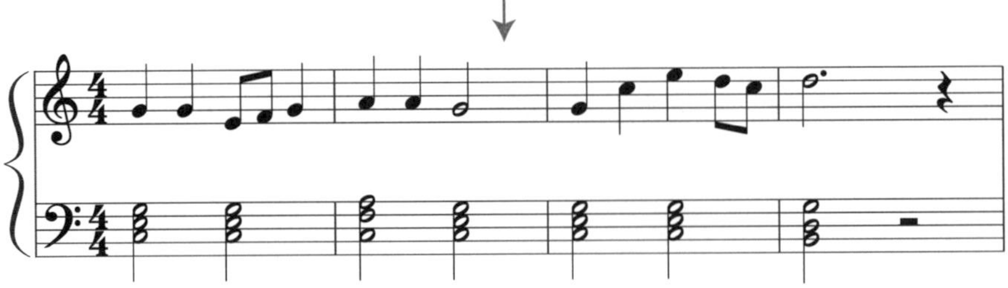

5. 이동도법과 고정도법

(1) 이동도법

이동도법은 조(調)를 결정하는 조표에 의하여 으뜸음이 이동되며, 이동된 으뜸음을 기준으로 하여 음계가 형성된다. 조성의 변화에 따라서 각 악곡의 계이름을 이해하고 시창할 수 있으며 화성도 역시 이에 따라 결정된다.

이동된 으뜸음에 의하여 화성을 파악해야만 정확한 반주를 할 수 있다. 이동도법에 주로 쓰이는 화성은 Ⅰ, Ⅳ, Ⅴ의 주요 3화음과 7화음인 "V_7"화음이다.

(2) 고정도법

고정도법은 조성의 변화와 관계없이 으뜸음은 항상 다장조의 도(Do)로 하며 조표는 연주할 때만 적용한다. 화음의 밑음을 기초로 한 코드를 보고 화음을 선택하여 연주하게 된다.

고정도법의 장점은 모든 조를 다장조의 기준에서 생각하므로 쉽고 간단하게 사용할 수 있으나 조성과 화성감이 둔해지고 화성 분석에서 착각이 있을 수도 있으므로 이동도법을 철저히 이해하고 고정도법을 응용하는 것이 좋다.

이동도법과 고정도법에 의한 계명과 음이름의 차이, 건반상의 위치를 다음 그림에서 알 수 있다.

다음 바장조의 음계는 이동도법으로는 F음을 "도"로 읽고 화성을 분석하고 반주를 할 때 바장조의 Ⅰ도화음이라 하며 고정도법으로는 F음 그대로 읽으며 화성도 F코드를 연주하게 된다.

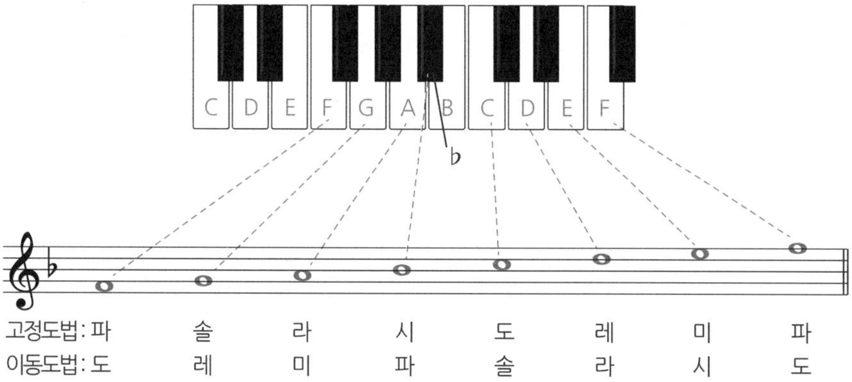

6. 반주를 구성하는 화음 선택법

(1) 악곡의 조성을 파악하고 큰 보표 밑 왼쪽에 기록한다.

(2) 자연스러운 화음의 진행을 위해서는 멜로디에 내포된 화성적인 배경을 올바르게 판단하여야 한다.

한 마디 안에 나오는 멜로디의 계명이 Ⅰ, Ⅳ, V_7, Ⅰ의 화음 중에 있는 계명으로 이루어진 경우 그 화음을 선택한다. 예를 들면 "도"의 경우는 Ⅰ(도미솔)와 Ⅳ(파라도) 화음의 구성음이므로 Ⅰ 또는 Ⅳ도 화음 중에서 선택이 가능하다.

화성음과 비화성음이 섞여져 있는 경우는 그 마디에 있는 다수의 음이 있는 화음을 결정한다. 다음 악보에서는 음계의 각 음에 사용할 수 있는 화음을 나타내었다.

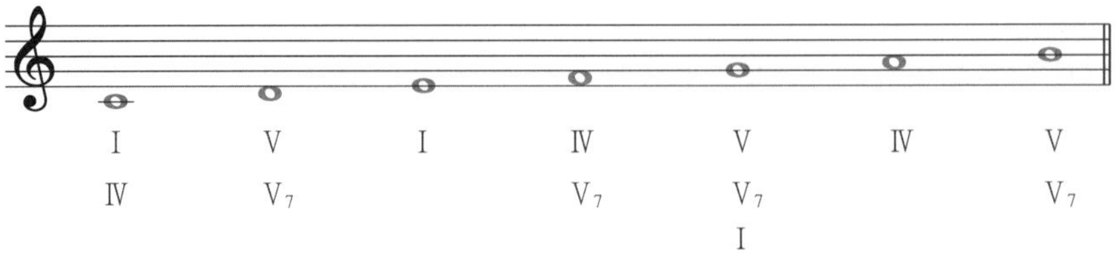

(3) 주요 3화음과 딸림 7화음의 사용

동요 반주는 유아를 표현하는 노래의 특성에 따라 안정되고 어울리는 화음을 사용하는 것이 좋으므로 주요 3화음과 딸림 7화음을 주로 사용한다.

(4) 자리바꿈 화음의 사용

주요 3화음의 기본형은 으뜸음이 밑음에 위치하기 때문에 화음을 바꾸어 반주할 때 도약을 해야 하는 어려움이 있다. 화음의 진행을 원활하게 하고 연결을 잘하기 위해서는 Ⅳ, Ⅴ화음은 자리바꿈형을 사용하여 연주하는 것이 좋다.

(5) 멜로디를 파악하고 화음을 설정할 때 가능하면 강박에 해당하는 음을 중심으로 화음을 정하는 것이 좋다.

(6) 화음을 자주 바꾸지 말고 한 마디 안에 하나 또는 두 개의 화음을 배치하는 것이 좋다. 각 음에 따라 다양한 화음을 배치할 수도 있으나 동요의 경우는 복잡한 화성의 배치가 노래의 흐름을 방해할 수도 있다.

(7) 화음이 어울리지 않는 음은 비화성음으로 다루고 멜로디가 도약진행일 경우는 가능한 같은 화음을 사용한다.

(8) 멜로디에 임시표가 있을 때는 조바꿈인지 비화성음을 사용한 것인지 판단하여 화음을 선택한다.

(9) 마디가 바뀔 때 끝 박자와 그 다음 마디 첫 박자가 같은 음일 때는 반주는 다른 화음을 사용하는 것이 좋다.

(10) Ⅴ도화음 다음에 Ⅳ도화음을 사용하는 것은 피하는 것이 좋다. 만약 Ⅴ도화음 다음에 Ⅳ도화음이 올 경우 Ⅴ－Ⅰ를 사용하여 Ⅴ－Ⅳ－Ⅴ－Ⅰ로 자연스러운 진행을 유도한다.

(a)
(나쁨)

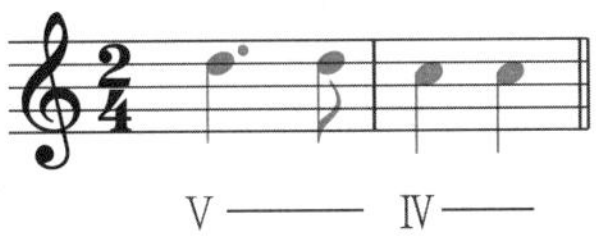

(b)
(좋음)

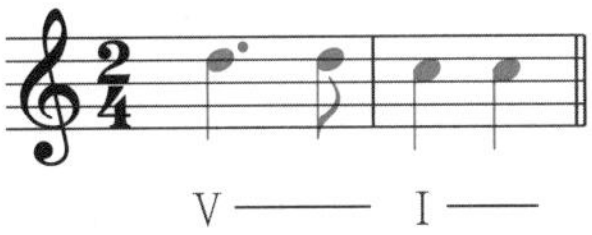

(11) V_7의 화음을 사용할 경우 4개의 구성음 중에 한 개의 음이 가락 중에 사용되고 있을 때 그 음을 반주 화음에서는 생략하도록 한다.

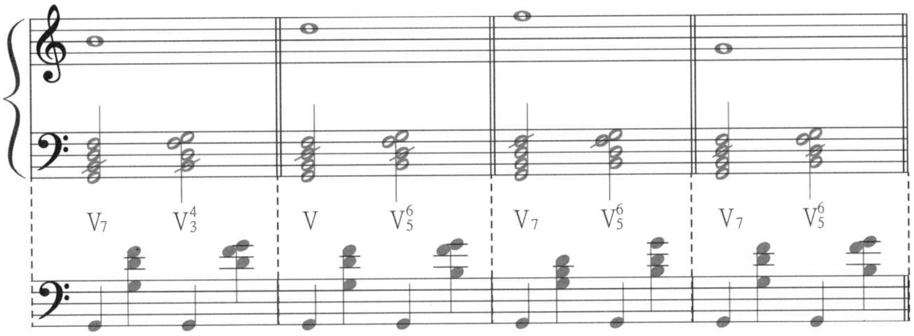

(12) 곡의 시작은 Ⅰ화음으로 시작하고 마침도 Ⅰ화음으로 끝나도록 한다. 마침화음 앞에서 V, V_7화음이 오는 것이 바람직하며 가능하면 V_7화음을 배치하는 것이 더 좋다

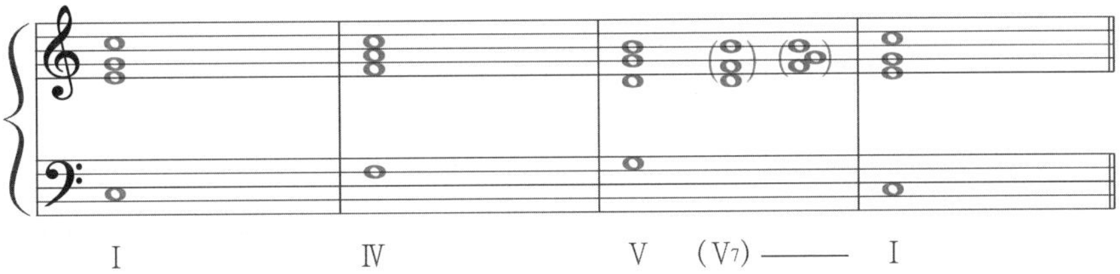

제8장 반주법

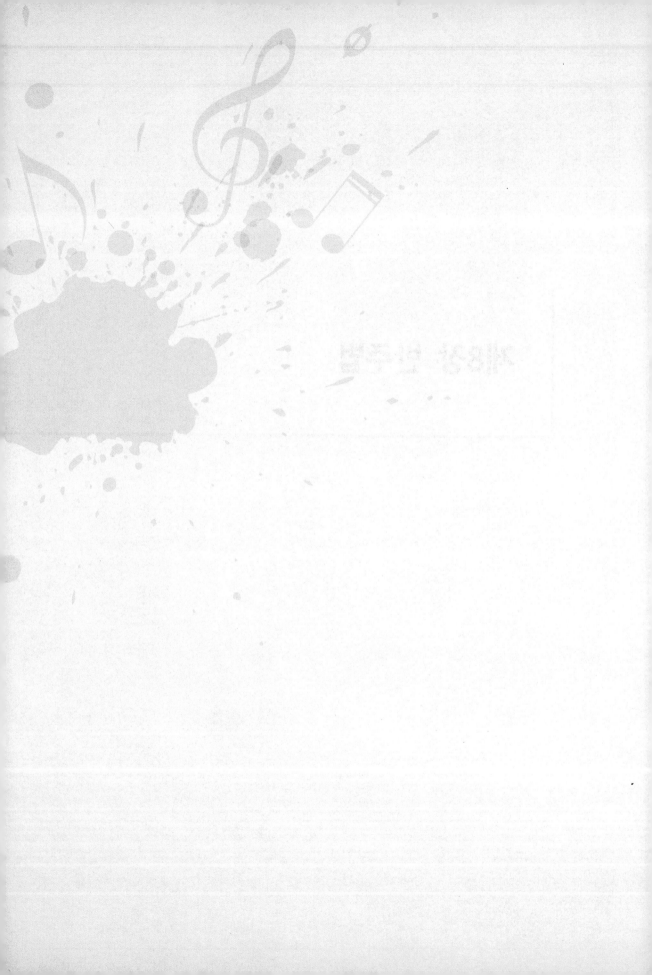

1. 반주법의 필요성

유아들에게 있어서 음악은 감정 표현의 수단이 되고 생활 그 자체라 해도 과언이 아니다. 음악은 유아의 전인적 발달을 도와 신체 발달과 언어 능력을 발달시키고 창의적인 사고력을 증진시키며 정서 지능을 함양시킬 뿐만 아니라 미적 체험으로 인한 성취감을 가지게 한다. 반주는 피아노 등의 건반악기를 이용하여 유아들이 부르는 동요의 멜로디와 화성을 함께 넣어 악곡의 표현을 더 효과적이게 하는 것이다. 반주를 꼭 건반악기만을 사용할 필요는 없지만, 피아노와 같은 건반악기는 정확한 음정을 낼 수 있고 건반의 규칙적인 배열로 학습하기에 매우 편리하며 페달의 기능이 있어 음량의 확대나 음색의 다채로운 표현이 가능하고 양손을 사용하여 선율과 반주를 동시에 할 수 있어서 유아의 음악 활동에 직접적인 도움을 줄 수 있다. 교사는 유아와 함께 하는 음악 활동에서 유아들이 부르는 노래의 반주를 해줌으로써 불완전한 유아들의 음정을 교정해 주고 강약에 의한 생기 있는 리듬감과 풍부한 화성을 만들어 주어 유아들이 노래 부르기를 통하여 아름다움을 느끼게 하며 자신감을 키워 주는 역할을 한다. 또한, 교사와 유아가 하나가 되는 듯한 애정이 싹트기도 한다. 그러므로 유아들의 음악 활동을 잘 이끌어 줄 수 있는 바람직한 반주는 명확한 노래의 전달이 필요하고 조성과 박자가 정확하고 멜로디에 알맞은 화성선택과 악곡의 흐름과 분위기를 잘 나타낼 수 있는 반주형의 선택이 중요하다. 이를 위하여 교사는 노래의 리듬반주와 멜로디 반주를 자유롭게 할 수 있는 반주능력을 습득하여야 한다.

2. 기초 반주 실습

(1) 피아노 연주 자세

- 피아노 건반의 한가운데에 반듯이 앉아 피아노와 적당한 거리를 두고 팔과 몸이 자유로이 움직일 수 있도록 한다.

• 피아노 의자는 앉았을 때 팔꿈치가 건반의 높이와 같으면 된다. 몸의 상체는 허리를 바로 세우고 자연스럽고 부드럽게 움직일 수 있는 상태로 유지한다.
• 왼쪽 발은 몸의 무게 중심을 잡을 수 있도록 편안한 위치에 놓고 오른쪽 발은 뒤꿈치에 중심을 두고 페달 사용 시 흔들리지 않도록 한다.

(2) 손의 모양

• 피아노 건반 위에서 손 모양은 달걀을 살짝 쥐고 있는 것같이 둥근 모양을 하고 연주하면서 손톱이 보이지 않을 정도로 모아서 세워준다.
• 손목은 반듯하게 하여 건반과 평행이 되도록 한다.
• 항상 어깨와 팔은 편안히 이완(Relaxation)된 상태에서 움직일 수 있도록 한다.
• 건반을 치는 손 끝은 건반을 정확히 누르고 원하는 소리를 만들 수 있도록 항상 단단히 조절되어야 한다.

〈피아노 연주 자세〉

〈연주 시 손의 모양〉

(3) 피아노를 연주할 때 유의사항

- 손목을 부드럽게 하여 각 손가락의 힘을 고르게 한다.
- 어깨나 팔에 무리한 힘을 주지 않는다.
- 눈은 건반을 보고 연주하는 것보다 악보를 보면서 정확히 연주하는 것이 좋다
- 양손을 따로 연습 후에 양손을 함께 연습하는 것이 효율적이다.
- 음표의 진행에 따른 운지법을 연구하는 것이 좋다.
- 본인이 연주하는 소리에 귀를 기울이는 것은 매우 중요한 일이며 Tempo 단계별 연습으로 빠른 악곡도 잘 연주할 수 있도록 연습한다.

(4) 피아노 건반과 손가락

피아노를 칠 때 왼손과 오른손은 각각 1번부터 5번까지의 손가락 번호를 사용하여 피아노를 연주하게 된다. 연주할 때 손가락 번호를 잘 설정하여 연주하면 무리없이 음을 부드럽게 연결할 수 있고 고른 소리를 낼 수 있다.

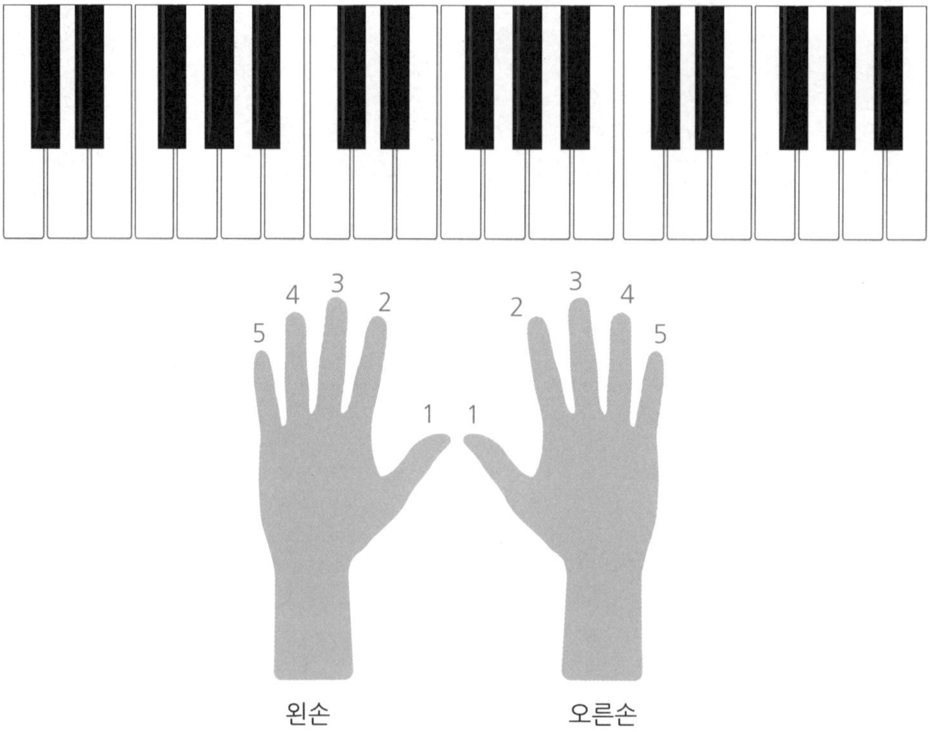

(5) 운지법

운지법이란 일정한 음을 고르게 연주하기 위해서 피아노 건반에 적용되는 손가락의 번호를 말한다. 일반적으로 피아노 교본이나 악곡에는 운지법이 제안되어져 있으나 동요에서는 거의 손가락 번호가 적혀 있지 않다. 그러나 운지법이 정확하지 않으면 음을 고르게 연주할 수 없고 음과 리듬의 누락을 발생시키고 노래의 연결과 유연한 구성이 부족하게 되어 아름다운 반주를 할 수 없게 된다. 동요의 운지법이 보편적인 규칙을 가지고 있지 않고 반주자마다 다른 주관적인 성격을 가지고 있으므로 동요를 반주할 때 간편하고 좋은 손가락 번호를 선택하는 것은 중요한 일이다.

⑹ 페달

페달은 피아노의 음량과 음색에 변화를 주어 다양한 음악적 표현을 낼 수 있도록 하는 피아노의 기능이다. 페달을 잘 다룰 줄 알면 피아노의 음향을 신비롭고 아름답게 낼 수 있어 동요 반주의 격을 높여 주게 된다. 페달의 사용의 기본은 발을 바닥에 고정한 채 발목을 이용하여 발의 앞부분으로 누른다. 페달은 강약을 막론하고 음의 지속 효과를 증가시키려 할 때와 화성이 바뀌는 곳에서는 항상 사용하며 스케일, 스타카토나 리듬 반주 등에서는 가능하면 절제하는 것이 좋다. 동요의 성격에 따라 페달의 사용을 선택하게 된다. 이러한 페달에 의한 아름다운 음향의 연출은 유아들의 음악을 듣는 귀와 감각의 수준을 높여주는데 크게 기여한다.

페달의 종류에는 그랜드 피아노와 업라이트 피아노가 좀 다른데 그랜드 피아노의 경우 가장 오른쪽에 위치하고 주로 화음을 연결할 때나 음량을 크게 내고자 할 때 사용하는 댐퍼 페달(Damper Pedal)이 있고 가장 왼쪽에 위치하는 소프트(Soft) 페달 또는 시프팅(Siputing) 페달은 소리를 여리게 하거나 부드러운 음색을 표현할 때 사용한다.

가운데 위치하는 소스테누토(Sostenuto) 페달은 음을 지속시키는 페달인데 손으로 건반을 터치한 후 이 페달을 밟으면 건반에서 손을 떼어도 계속 그 음이 울리게 된다. 업라이트 피아노의 경우는 가장 왼쪽과 오른쪽에 위치하는 페달은 그랜드 피아노의 명칭과 기능이 같으나 가운데 위치하는 페달의 경우 소스테누토 페달이라는 명칭 대신 뮤트(Muet) 페달이라고 하며, 이는 소리를 아주 약하게 할 때 사용한다. 이 페달을 눌러서 고정시켜 놓으면 아주 작은 소리로 연주할 수 있기 때문에 다른 사람들에게 방해를 주지 않고 연습할 수 있다.

3. 반주의 종류와 형태

반주의 종류는 크게 나누어 멜로디를 고음부나 저음부에서 나타내고 다른 성부에 화성을 넣어서 반주하는 가락 있는 반주와 멜로디는 유아가 노래로 하고 반주는 양손을 이용하여 화음만을 리듬과 박자에 따라 진행시키는 가락 없는 리듬 반주가 있다. 반주의 형태는 박자계열에 따라서 나누어지게 된다.

(1) 가락 있는 반주

유아는 노래할 때 음정이 정확하지 않으므로 일반적으로 가락이 있는 반주를 사용하여 유아가 노래의 흐름에 맞추어 정확한 음정을 소리 낼 수 있도록 도와준다. 일반적으로 오른손으로 노래의 멜로디를 연주하고 왼손으로 화음 진행의 원리에 따라 적합한 화음을 선택하여 반주를 하게 되는데 여러 가지 형태의 왼손 반주가 이용된다. 곡의 내용과 분위기에 따라 또는 교사의 피아노 반주 능력에 따라 반주형을 선택하여 연습한다.

① 2박자 계열의 반주형

② 3박자 계열의 반주형

③ 4박자 계열의 반주형

④ 6박자 계열의 반주형

(2) 가락 없는 반주

유아가 노래의 멜로디를 익숙하게 부를 수 있는 수준이 되어 반주에 선율을 포함시키지 않아도 되면 반주는 화음을 양손으로 나누어 연주할 수 있게 된다. 이를 리듬 반주 또는 무선율 반주라고 한다.

가락 없는 반주는 리듬형 반주이므로 화음을 많이 넣어 연주하게 되는데 음의 생략이나 중복을 경험하게 된다. 이때 화음의 생략은 5음을 우선적으로 하고 중복은 밑음과 5음을 중복시키는 것이 좋다. 그러나 3음은 중복과 생략을 해서는 안 된다.

3음은 화음의 특성을 결정짓는 역할을 하기 때문이다.

① 2박자 계열의 리듬형 반주

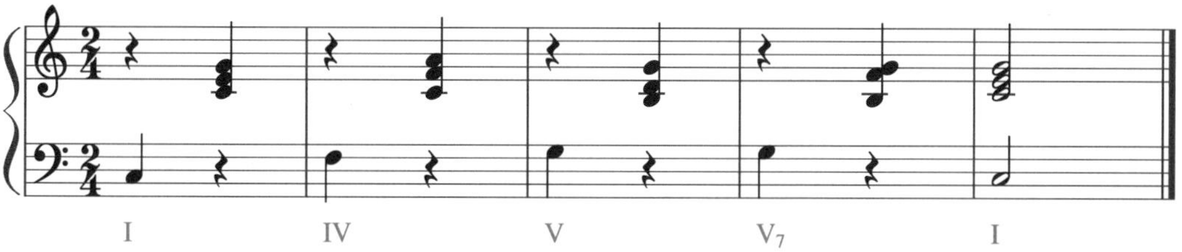

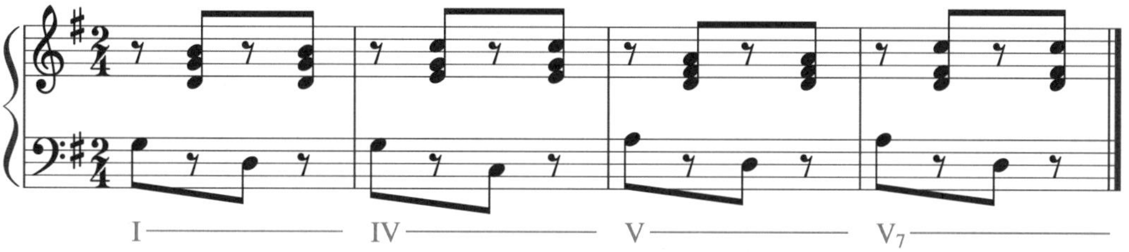

② 3박자 계열의 리듬형 반주

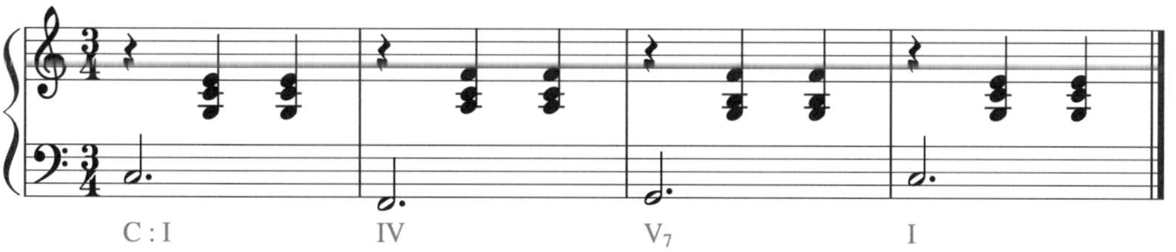

C : I
IV
V7
I

③ 4박자 계열의 리듬형 반주

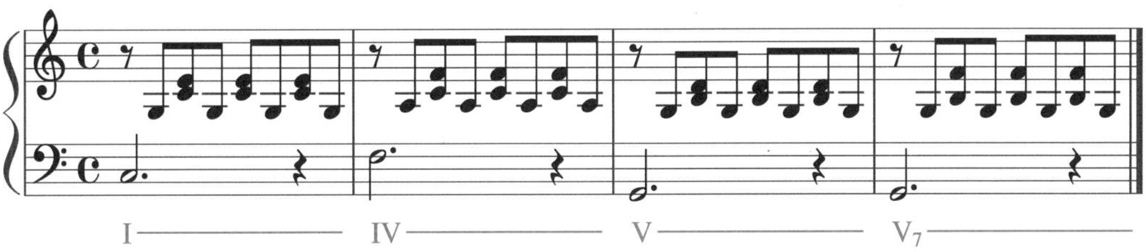

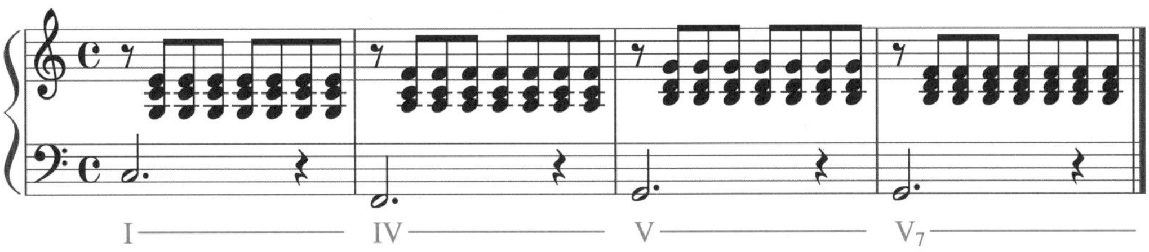

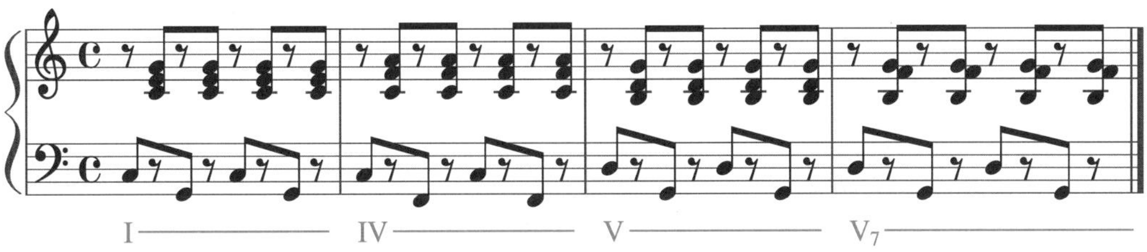

④ 6박자 계열의 리듬형 반주

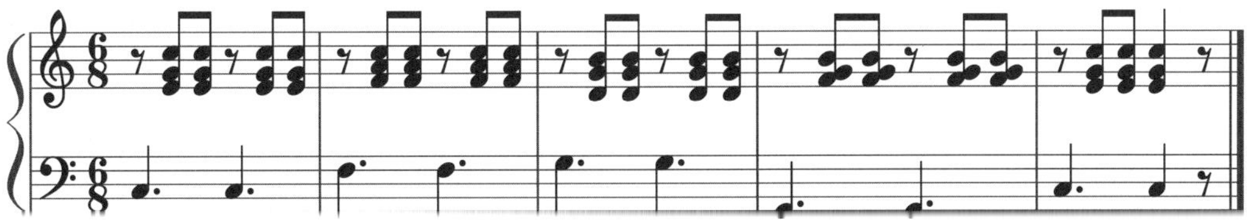

4. 반주형을 응용한 기초 반주 실습

(1) 반주의 준비

- 조성과 박자를 확인하고 이동도법에 의한 화성 분석을 한다.
- 멜로디를 계명으로 익히고 노래해 본다.
- 화성 분석에 맞추어 기본 화음 반주로 연습해 본다.
- 악곡의 음악적 흐름과 분위기에 따라 적합한 반주 패턴을 선택한다.
- 선택한 반주 패턴을 연습한 후 오른손 멜로디와 합쳐서 양손 연습을 한다.
- 알맞은 운지법으로 멜로디를 연결할 수 있는지 점검하고 마침화음은 안정감 있는 바른마침이 되었는지 확인한다.
- 전주는 일반적으로 처음 2마디와 마지막 2마디 또는 마지막 4마디를 사용한다.
- 반주의 마지막 마디는 곡을 끝내는 느낌이 들도록 코드를 모아 준다.

(2) 반주 실습

지금까지 반주 기초 이론에 대하여 자세하게 공부하였다.
피아노 반주로 유아가 부르는 노래를 반주하는 경우 박자에 따른 반주의 형태에 대해서도 소개하였다.
이제부터는 기본 지식을 바탕으로 실습곡과 동요를 통하여 반주를 만들고 연주해 보자.

실습의 순서는 조성에 따른 음계의 이해와 주요 3화음, 자리바꿈 화음의 이해 ⤇ 원활한 손가락 운동을 위한 스케일 연습 ⤇ 마침꼴 화음의 연습 ⤇ 악곡의 소개 ⤇ 계명 읽기와 화성 분석 ⤇ 화음 분석과 화음 반주 ⤇ 박자에 따른 반주 패턴 선택 ⤇ 운지법 소개와 마침화음의 마무리 검토 ⤇ 연주의 순서로 실습한다.

5. 조성별 동요 반주 실습

(1) 다장조(C Major)

다장조는 "도"음이 으뜸음이 되며 보표 상에 조표가 붙지 않는다.

다장조의 음계와 3화음은 다음과 같다.

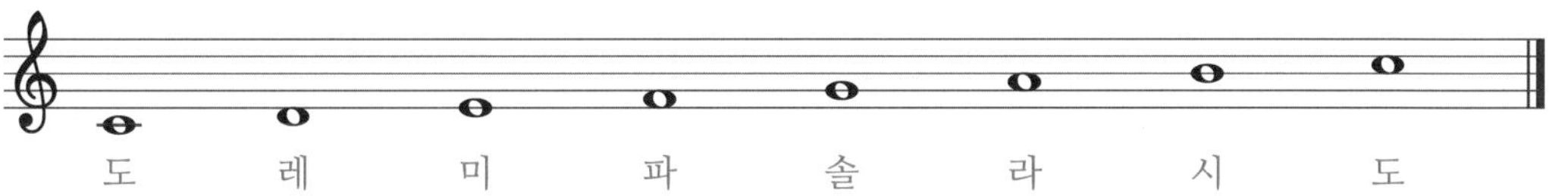

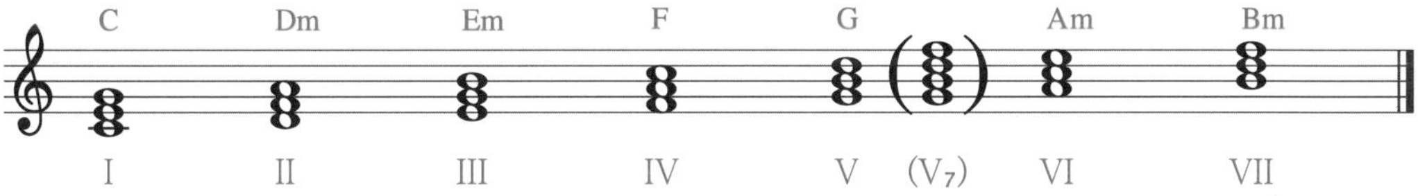

- **다장조의 주요3화음**

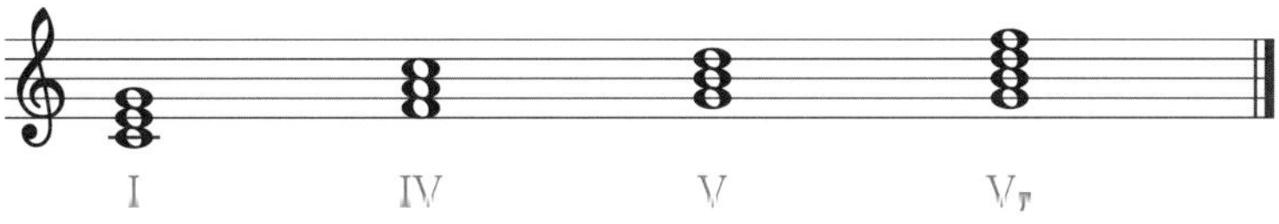

• 안정된 반주를 위한 자리바꿈 화음

• 다섯 손가락을 위한 음계 연습

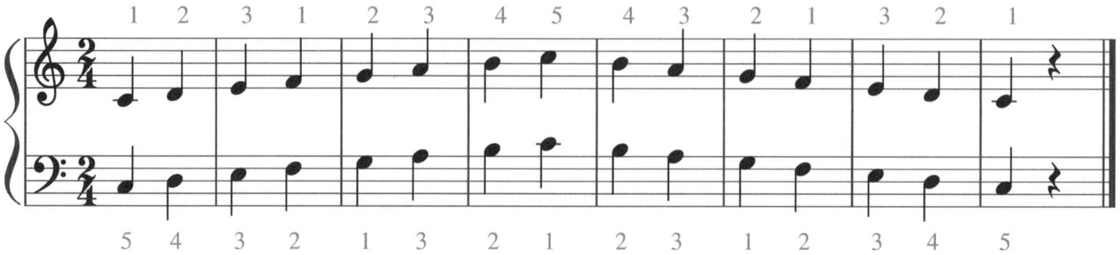

• 다섯 손가락을 위한 응용 연습

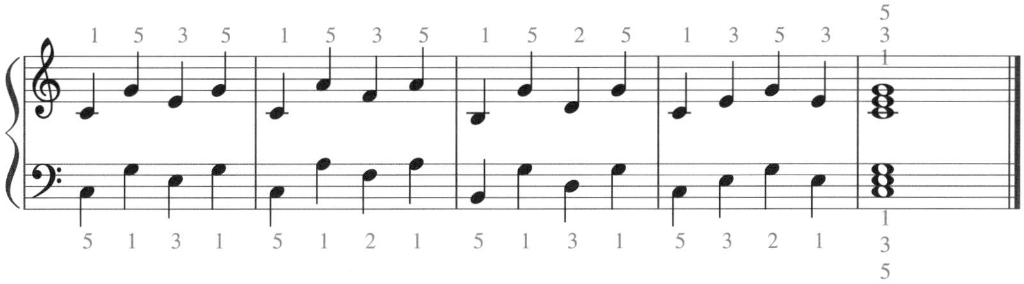

마침화음 연습 (바른마침)

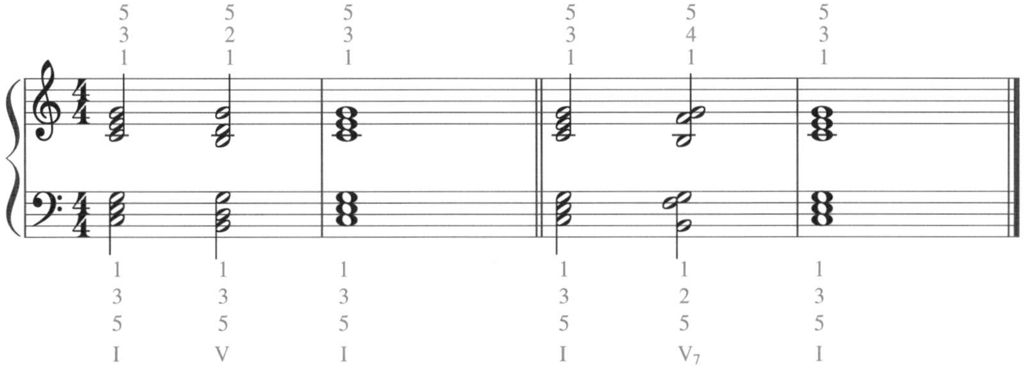

다장조 실습곡 반주 붙이기

윤태빈 작곡

① 계명 읽기와 화성 분석

② 4박자 화음 분석과 화음 반주 넣기

③ 4박자 반주 패턴 넣기

④ 운지법과 마침화음 점검하기

★ 다장조 동요곡 반주 붙이기(그대로 멈춰라)

김방옥 작사/작곡

① 계명 읽기와 화성 분석

② 4박자 화음 반주 넣기

③ 4박자 반주 패턴 넣기

④ 운지법과 마침화음 점검하기

(2) 바장조(F Major)

바장조는 "파"음이 으뜸음이 되며 보표 상에 조표는 ♭이 1개 붙는다.
바장조의 음계와 3화음은 다음과 같다.

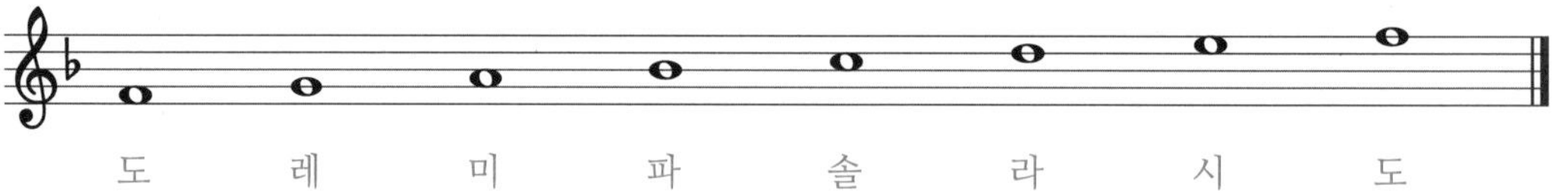

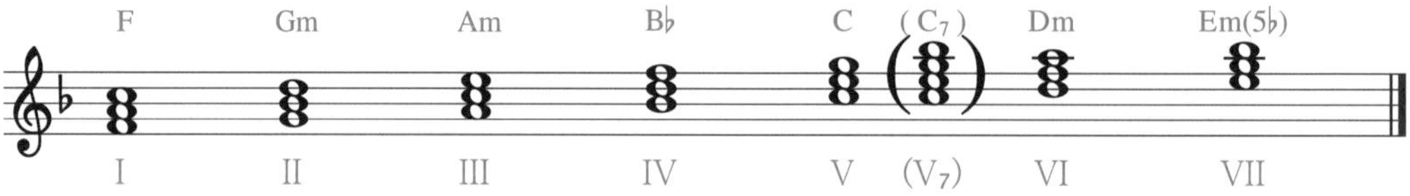

• 바장조의 주요 3화음

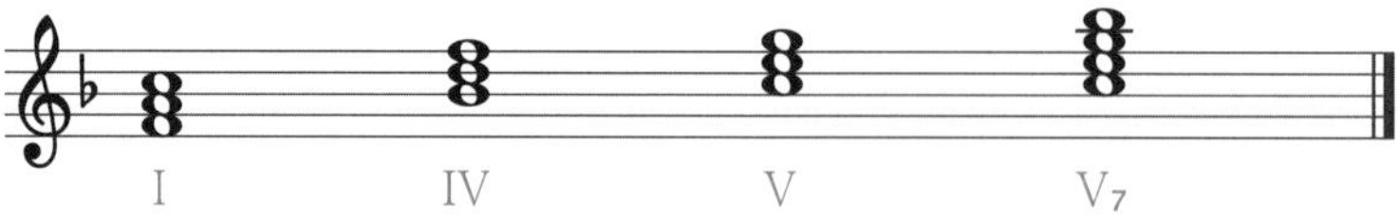

• 안정된 반주를 위한 자리바꿈화음

• 다섯 손가락을 위한 음계 연습

• 다섯 손가락을 위한 응용 연습

1 2 3 2 3 4 5 4 3 2 1 2 1 2 3 4 3 4
5 4 3 4 3 2 1 2 3 4 5 4 5 4 3 2 3 2

5 4 5 4 3 2 3 2 1 3 2 4 3 5 4 2 1 2 3 4
1 2 1 2 3 4 3 4 5 3 4 2 3 1 2 4 5 4 3 2

5 4 3 2 1 2 3 4 1 2 3 4 3 2 1 4 3 2
1 2 3 4 5 4 3 2 1 3 2 1 2 3 1 2 3 4

1 5 3 5 1 5 3 5 1 5 2 5 1 3 5 3 5 3 1
5 1 3 1 5 1 2 1 5 1 3 1 5 3 2 1 1 3 5

• 마침화음 연습(바른마침)

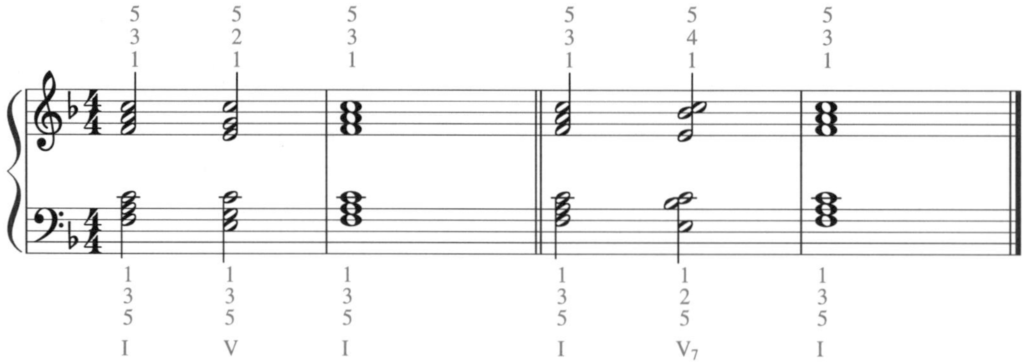

• 바장조 실습곡 반주 붙이기

윤태빈 작곡

① 계명 읽기와 화성 분석

② 6/8박자 화음 분석과 화음 반주 넣기

③ 6/8박자 반주패턴 넣기

④ 운지법과 마침화음 점검하기

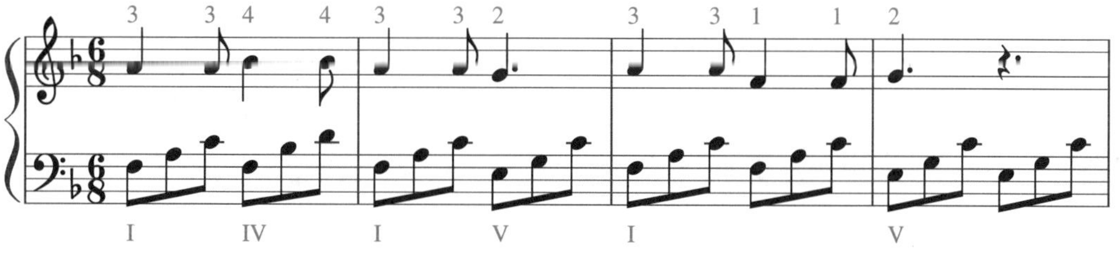

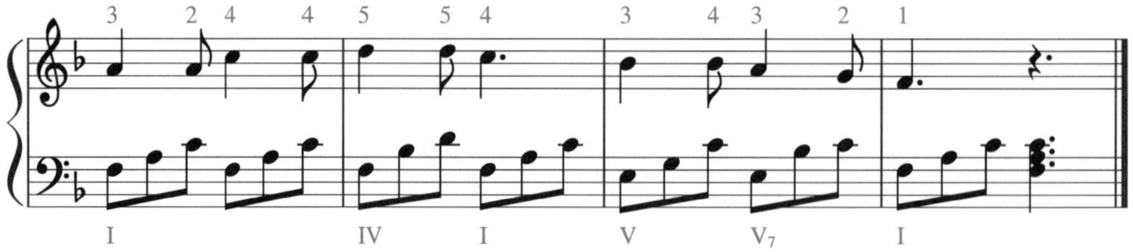
3 2 4 4 5 5 4 3 4 3 2 1
I IV I V V7 I

★ 바장조 동요곡 반주 붙이기(꼬부랑 할머니)

한태근 작사/작곡

꼬 부 랑 할 머 니 가 꼬 부 랑 고 갯 길 을
꼬 부 랑 꼬 부 – 랑 넘 어 가 고 있 네
꼬 부 랑 꼬 부 – 랑 꼬 부 랑 꼬 부 – 랑
고 개 는 열 두 고 개 – 고 개 를 고 개 를 넘 어 간 다

① 계명 읽기와 화성 분석

도 도 도 도 미 도 레 레 레 레 레 파 레 미
I V V I
미 미 미 미 솔 솔 파 레 레 레 도 시 도
I V V I

② 4박자 화음 분석과 화음 반주 넣기

③ 4박자 반주 패턴 넣기

④ 운지법과 마침화음 점검하기

(3) 내림 나장조(B♭ Major)

내림 나장조는 "시♭"음이 으뜸음이 되며 보표상에 조표는 ♭이 2개 붙는다.

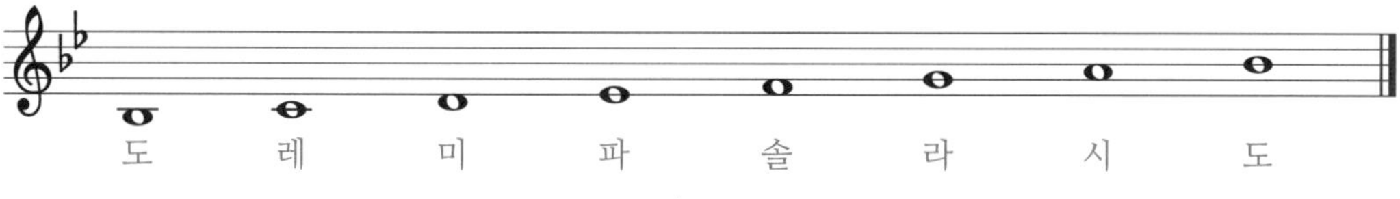

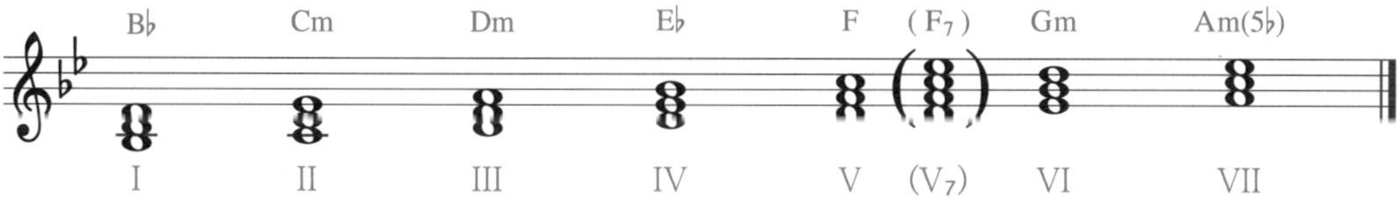

• 내림 나장조의 주요 3화음

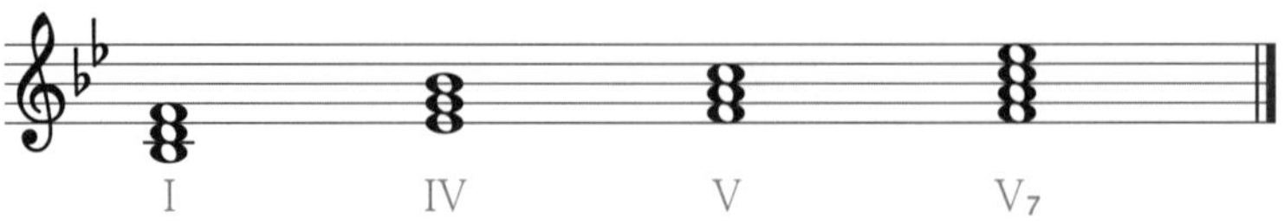

• 안정된 반주를 위한 자리바꿈화음

• 다섯 손가락을 위한 음계 연습

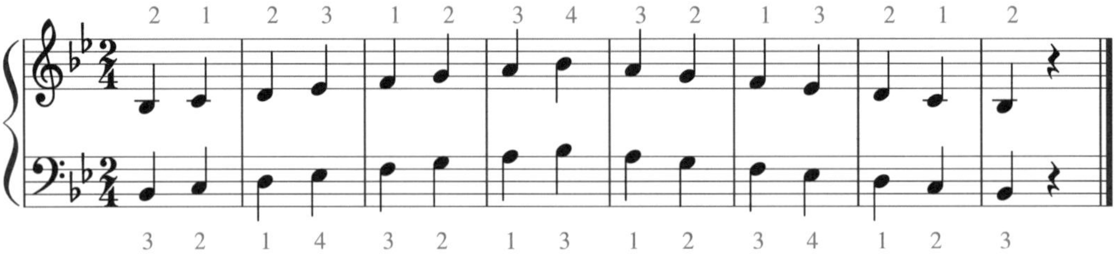

• 다섯 손가락을 위한 응용 연습

- 마침화음 연습(바른마침)

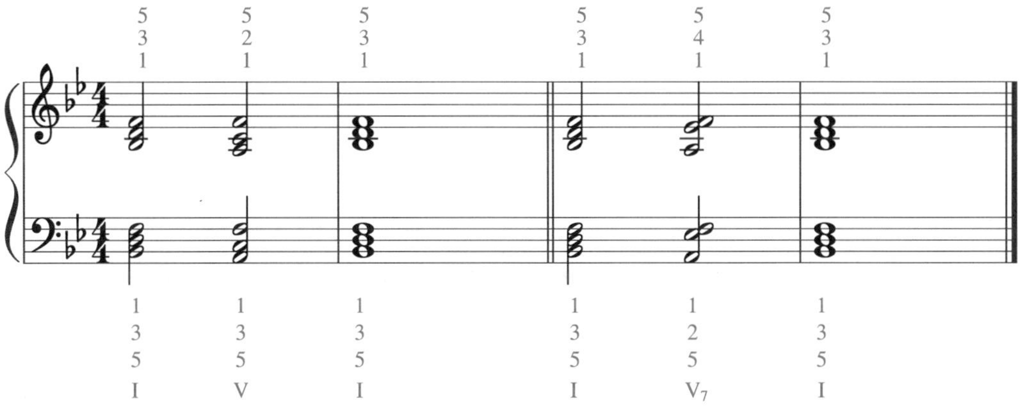

- 내림 나장조 실습곡 반주 붙이기

윤태빈 작곡

① 계명 읽기와 화성 분석

② 6/8박자 화음 분석과 화음 반주 넣기

③ 6/8박자 반주 패턴 넣기

④ 운지법과 마침화음 점검하기

3 2 1 2 4 3 4 2 1 1 2 2 1 3 2 1

I IV I V

2 2 3 4 2 2 3 4 3 3 2 2 1 4 3 2 1

I IV V I

2 2 2 4 3 4 3 2 1 2 1 1 3 5 4

IV V IV V

5 4 5 3 2 4 2 1 2 2 5 4 3 2 3 4

I IV V IV I

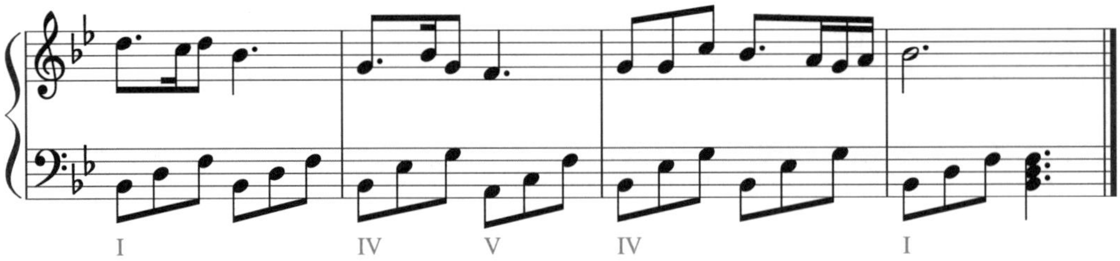

★ 내림 나장조 동요곡 반주 붙이기(즐거운 소풍길)

이한숙 작사
김창수 작곡

① 계명 읽기와 화성 분석

② 4박자 화음 분석과 화음 반주 넣기

③ 4박자 반주 패턴 넣기

④ 운지법과 마침화음 점검하기

(4) 내림 마장조

내림 마장조는 "미 ♭"음이 으뜸음이 되며 보표상에 조표는 ♭이 3개 붙는다.

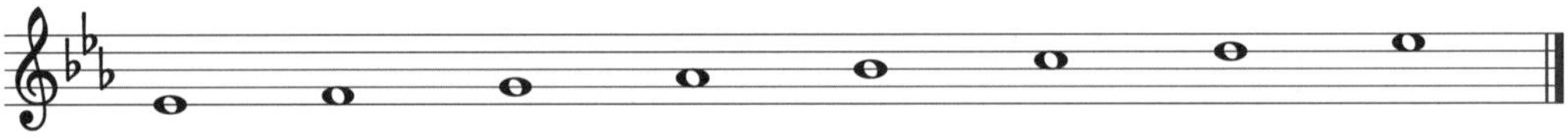

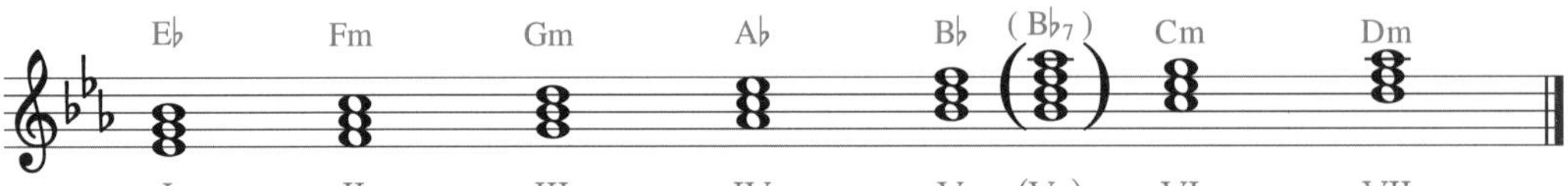

• 내림 마장조 주요 3화음

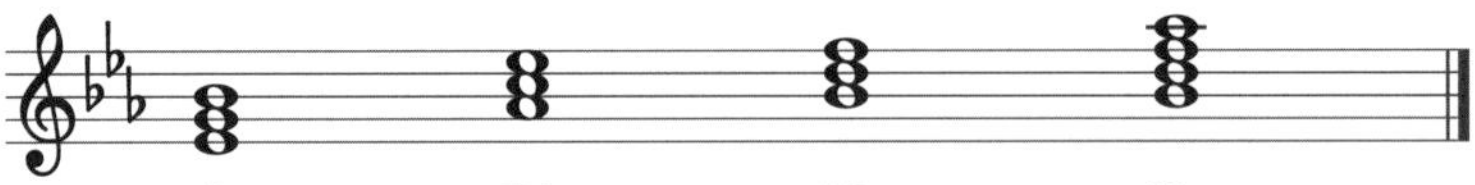

• 안정된 반주를 위한 자리바꿈화음

● 다섯 손가락을 위한 음계 연습

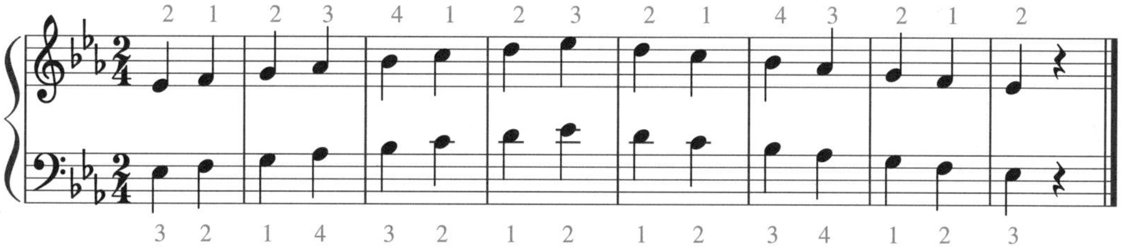

● 다섯 손가락을 위한 응용 연습

● 마침화음 연습(바른마침)

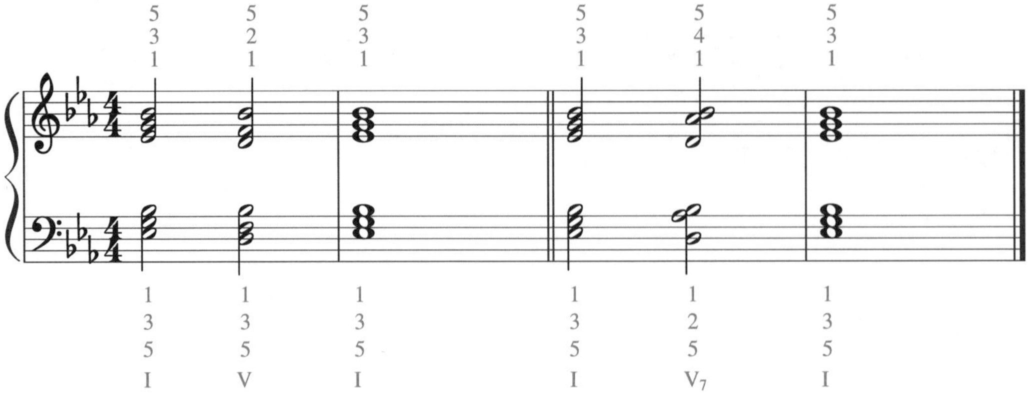

● 내림 마장조 실습곡 반주 붙이기

① 계명 읽기와 화성 분석

② 3/4박자 화음 분석과 화음 반주 넣기

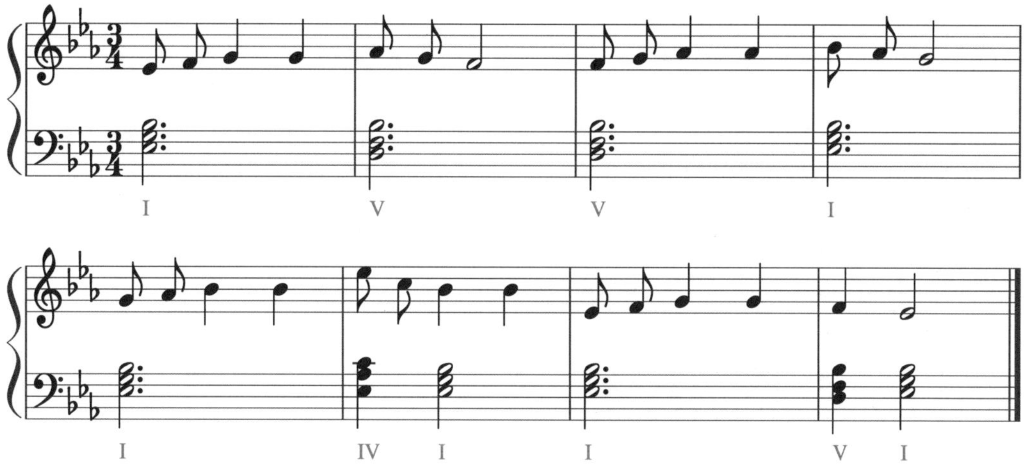

③ 3/4박자 반주 패턴 넣기

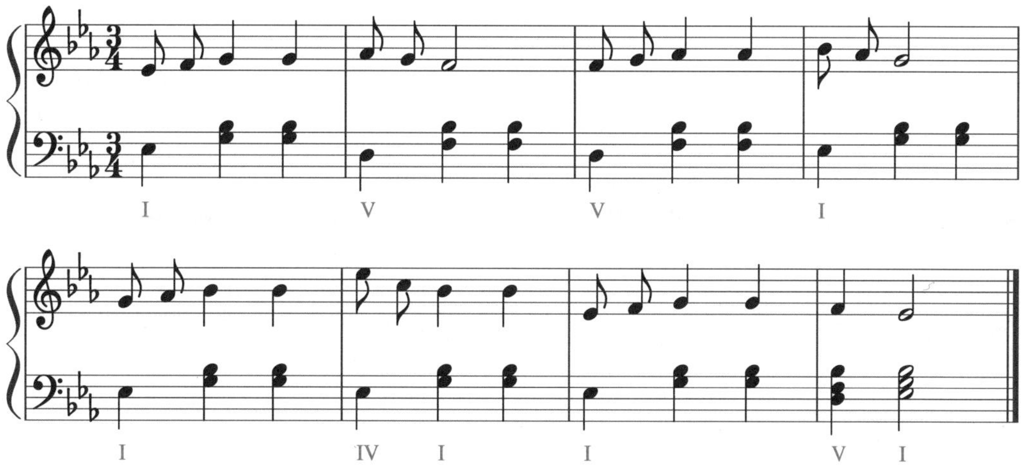

④ 운지법과 마침화음 점검하기

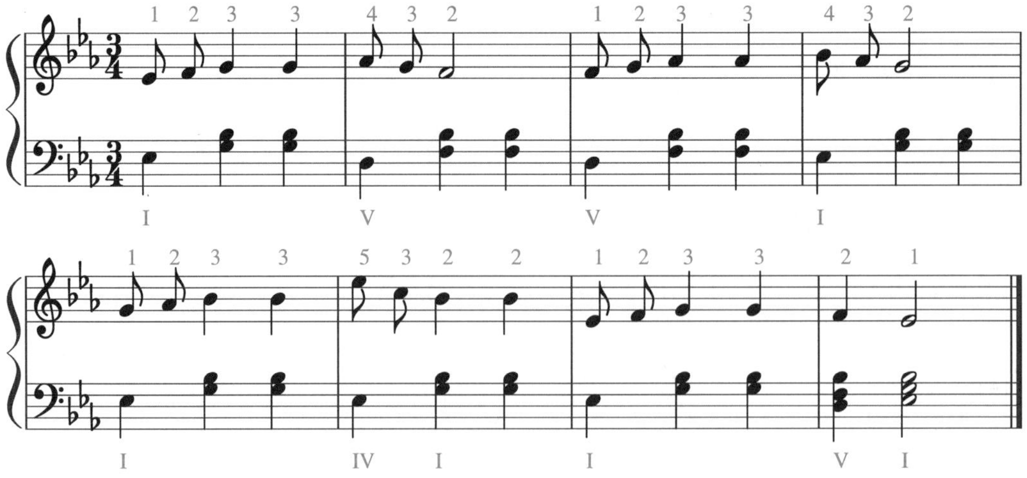
1 2 3 3 4 3 2 1 2 3 3 4 3 2
I V V I
1 2 3 3 5 3 2 2 1 2 3 3 2 1
I IV I I V I

★ 내림 마장조 동요곡 반주 붙이기(손을 씻어요)

박경종 작사
정혜옥 작곡

손 을 손 을 씻 어 요 깨 끗 하 게 씻 어 요
고 사 리 같 은 예 쁜 손 깨 끗 하 게 씻 어 요
개 구 장 – 이 – 미 운 손 울 보 떼 – 보 – 미 운 손
맑 은 물 에 뽀 득 뽀 득 우 리 모 두 씻 어 요

① 계명 읽기와 화성 분석

② 3박자 화음 분석과 화음 반주 넣기

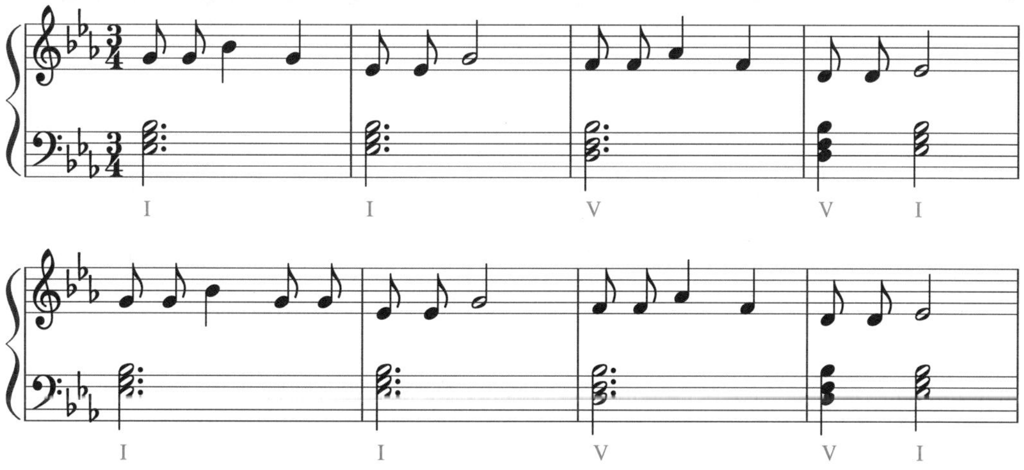

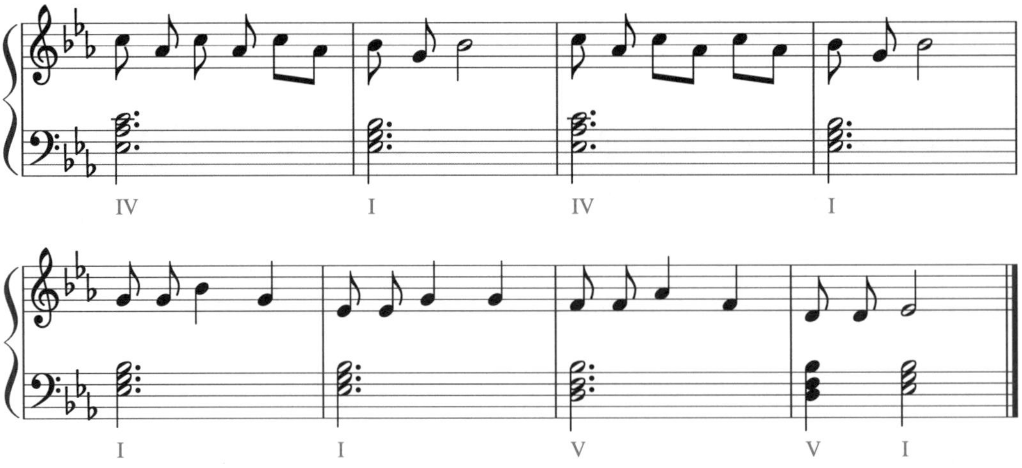
IV I IV I
I I V V I

③ 3박자 반주 패턴 넣기

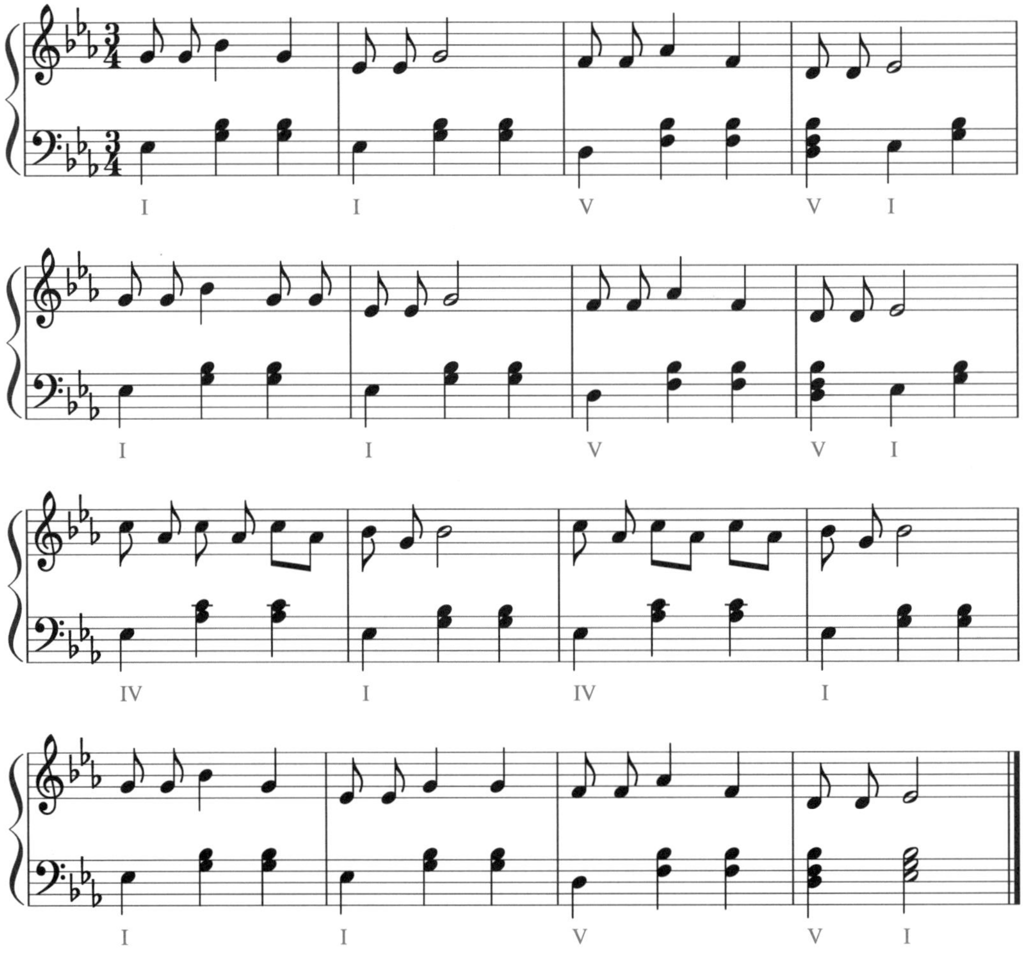
I I V V I
I I V V I
IV I IV I
I I V V I

④ 운지법과 마침화음 점검하기

(5) 사장조(G Major)

사장조는 "솔"음이 으뜸음이 되며 보표상에 조표는 #이 1개 붙는다.

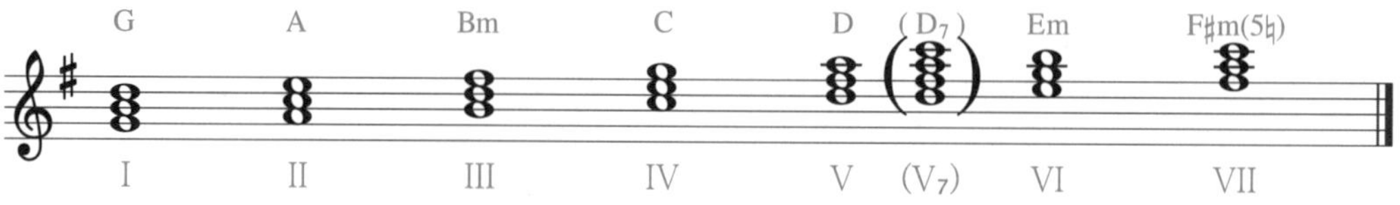

• 사장조의 주요 3화음

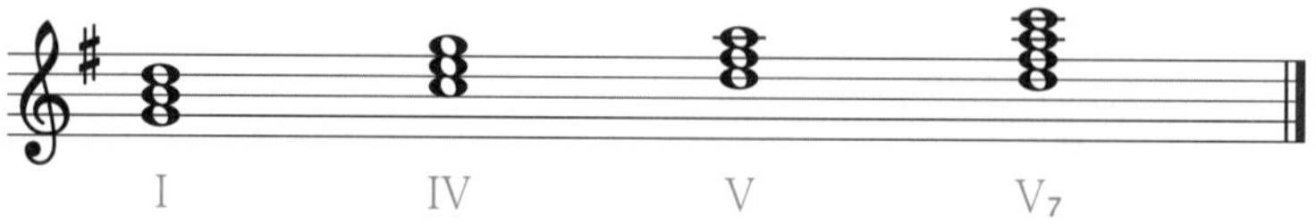

• 안정된 반주를 위한 자리바꿈화음

• 다섯 손가락을 위한 음계 연습

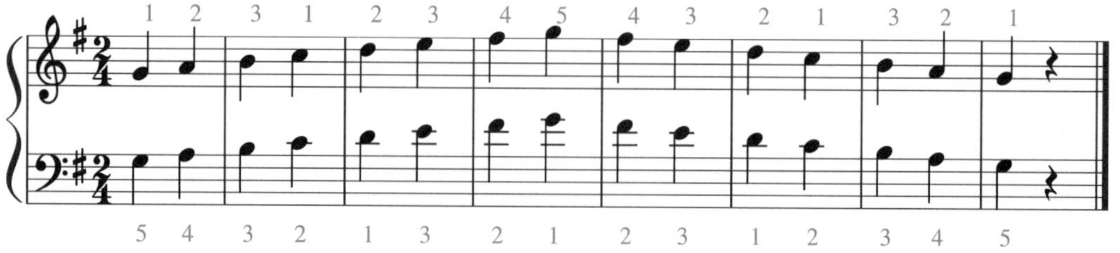

• 다섯 손가락을 위한 응용 연습

● 마침화음 연습(바른마침)

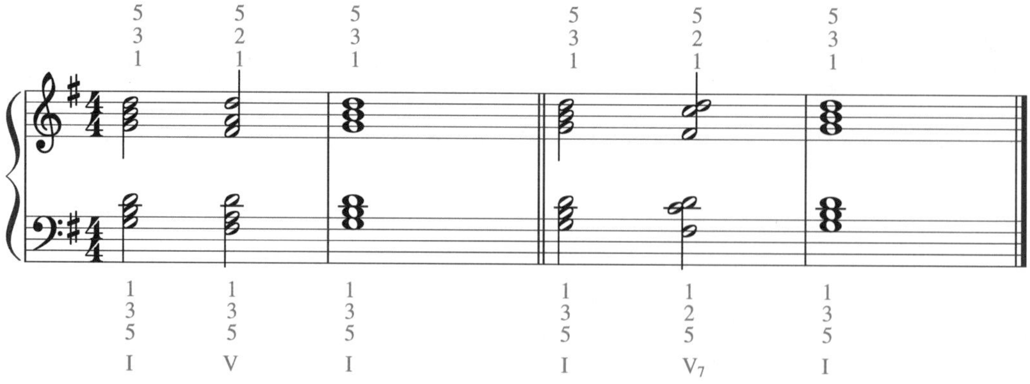

● 사장조 실습곡 반주 붙이기

윤태빈 작곡

① 계명 읽기와 화성 분석

② 3박자 화음 분석과 화음 반주 넣기

③ 3박자 반주 패턴 넣기

④ 운지법과 마침화음 점검하기

5 5 4 3 2 4 3 2 1 5 4 3 2 1
IV I V I
2 2 2 2 3 2 1 2 3 4 3 5 5 4
V I IV I
5 5 4 3 2 4 3 2 1 5 4 3 2 1
IV I V I

★ 사장조 동요곡 반주 붙이기(하늘나라동화)

이강산 작사/작곡

동 산 위 에 올 라 서 서 파 란 하 늘 바 라 보 며 –
천 사 얼 굴 선 녀 얼 굴 마 음 속 에 그 려 봅 니 다 –
하 늘 끝 까 지 올 라 – 실 바 람 을 끌 어 안 고 – 날 개
달 린 천 사 들 과 – 속 삭 이 고 싶 어 라 –

① 계명 읽기와 화성 분석

② 6/8박자 화음 분석과 화음 반주 넣기

③ 6/8박자 반주 패턴 넣기

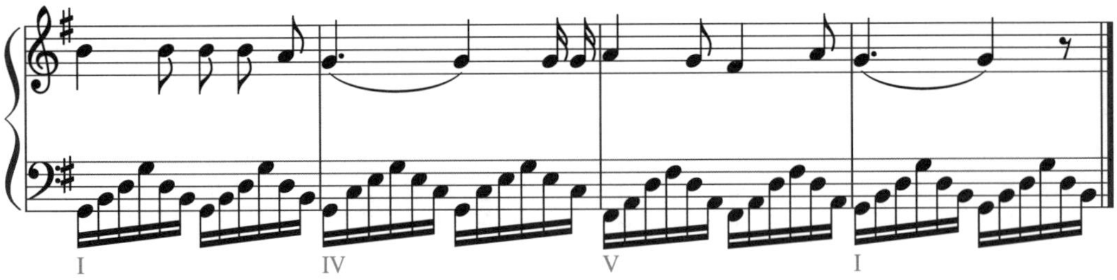

④ 운지법과 마침화음 점검하기

(6) 라장조(D Major)

라장조는 "레"음이 으뜸음이 되며 보표상에 조표는 ♯이 2개 붙는다.

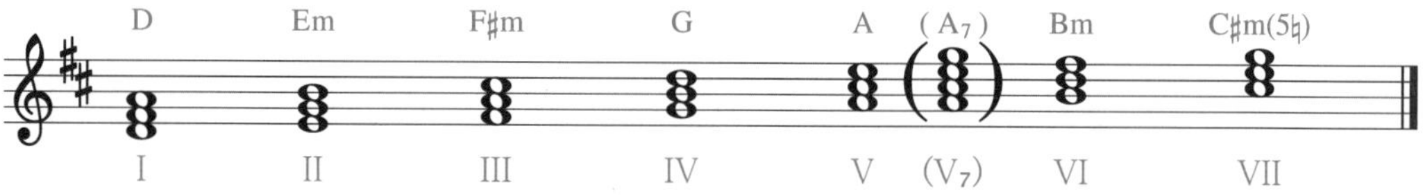

- **라장조 주요 3화음**

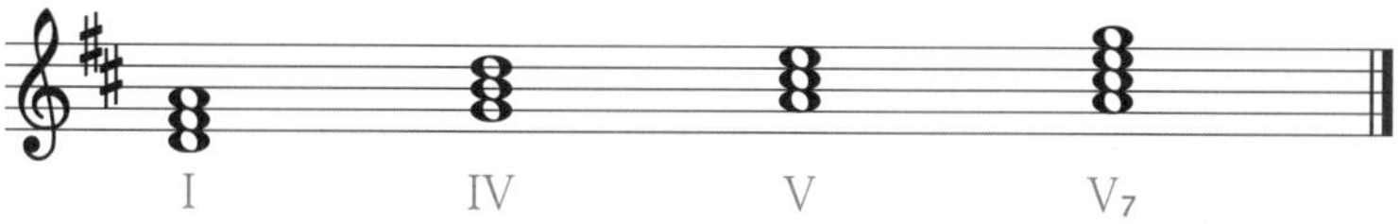

- **안정된 반주를 위한 자리바꿈화음**

- **다섯 손가락을 위한 음계 연습**

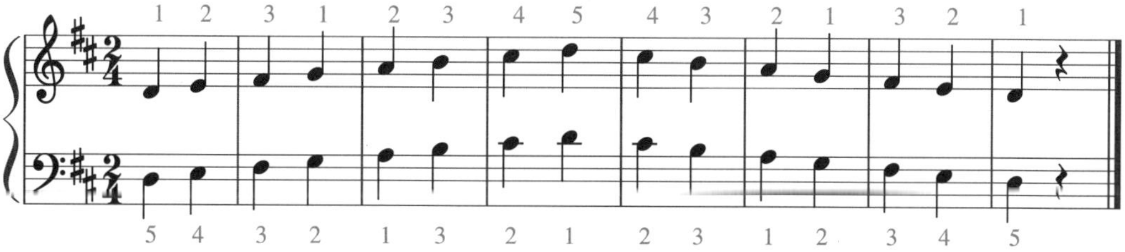

• 다섯 손가락을 위한 응용 연습

● 마침화음 연습(바른마침)

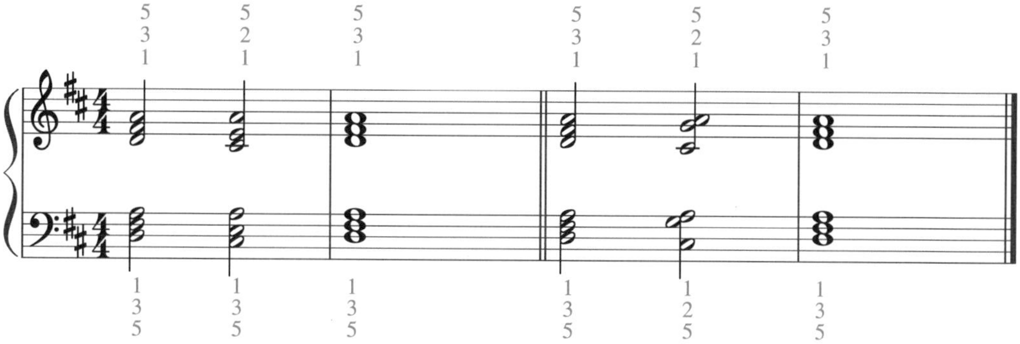

● 라장조 실습곡 반주 붙이기

윤태빈 작곡

① 계명 읽기와 화성 분석

② 2박자 화음 분석과 화음 반주 넣기

③ 2박자 반주 패턴 넣기

④ 운지법과 마침화음 점검하기

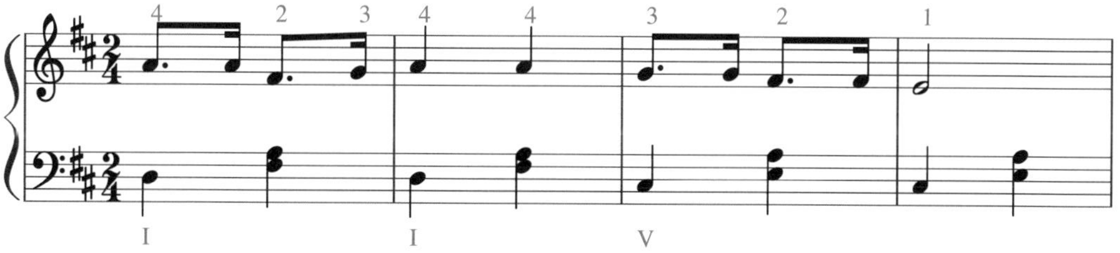

4 2 3 1 4 5 4 3 2 1
I I IV I
3 4 3 2 1 3 5 3 2
IV I IV I
1 4 4 5 3 3 2 1 2 3 1
V I V I

★ 라장조 동요곡 반주 붙이기(조금 더 다가가서)

김성균 작사/작곡

아 - 무 도 없 는 것 같 은 조 - 용 한 시 냇 가 에
조 그맣 고귀 여 운 송 사 리한 마 리 쪼 로 로 로 로 로 로 롱
헤 엄 치 기 에 조 금 더 다 가가 서 쳐다보려했 더 니
깜 짝 놀 라 쪼 로 로 로 롱 달 아 - 납 니 다

① 계명 읽기와 화성 분석

② 4박자 화음 분석과 화음 반주 넣기

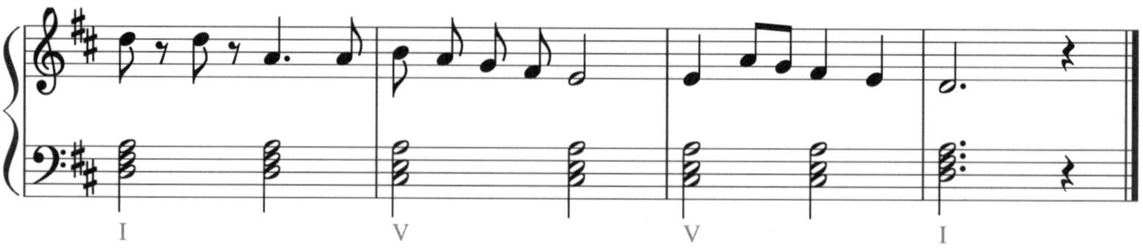
I V V I

③ 4박자 반주 패턴 넣기

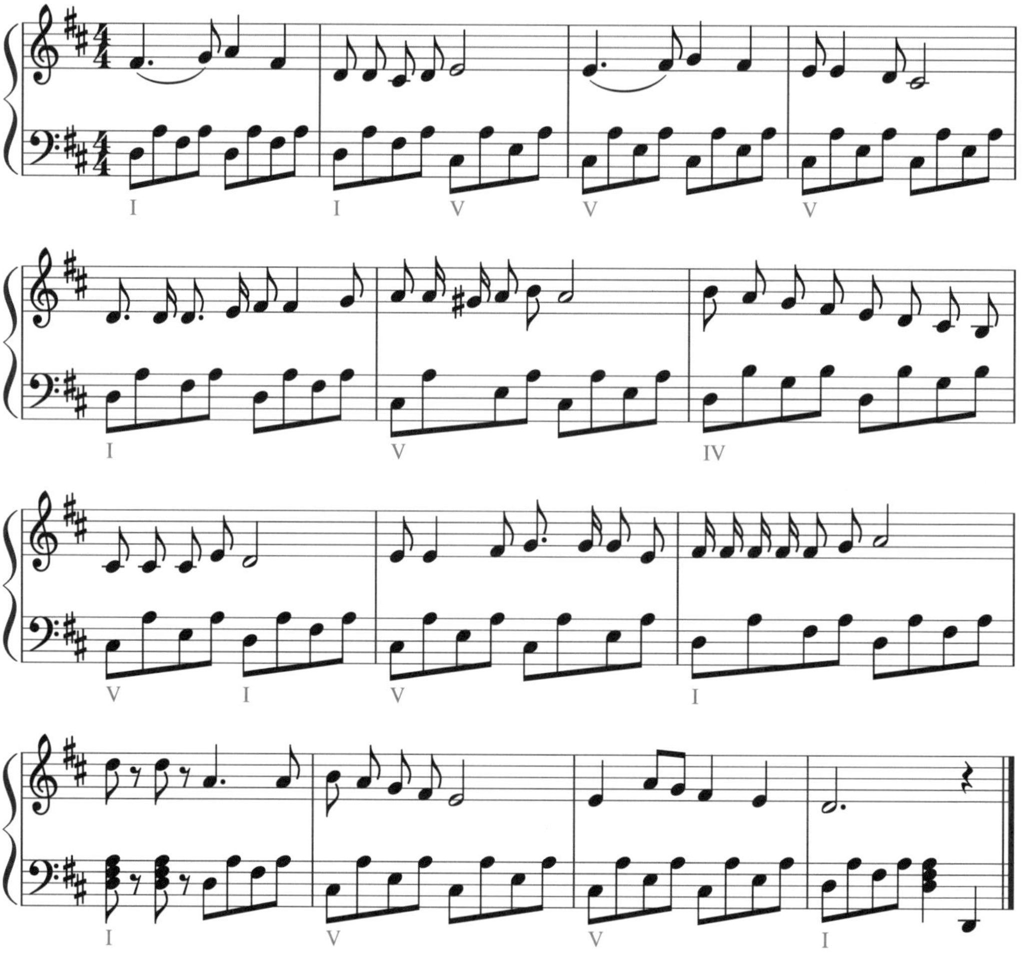
I I V V V
I V IV
V I V I
I V V I

④ 운지법과 마침화음 점검하기

(7) 가장조(A Major)

가장조는 "가"음이 으뜸음이 되며 보표상에 조표는 ♯이 3개 붙는다.

• 가장조의 주요 3화음

• 안정된 반주를 위한 자리바꿈화음

• 다섯 손가락을 위한 음계 연습

• 다섯 손가락을 위한 응용 연습

• 마침화음 연습(바른마침)

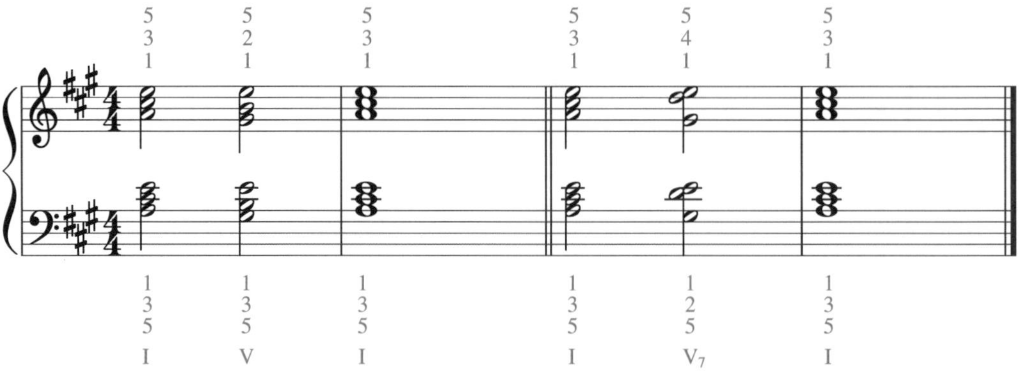

• 가장조 실습곡 반주 붙이기

윤태빈 작곡

① 계명 읽기와 화성 분석

② 4박자 화음 분석과 화음 반주 넣기

③ 4박자 반주 패턴 넣기

④ 운지법과 마침화음 점검하기

3 23 23 3 43 21 3 13 13 3 21 32
I I V I
4 24 24 4 5 43 21 2 32 45 5 4 21 34
IV V I IV V I

★ 가장조 동요곡 반주 붙이기(어머님 은혜)

윤춘병 작사
박재훈 작곡

높 고높 은 하 늘 이 라 말 들 하 – 지 만 –
나 는나 는 높 – 은 게 또 하 나 – 있 지 –
낳 으 시 고 기 르 시 는 어 머 님 – 은 혜 –
푸 른하 늘 그 보 다 도 높 은 것 – 같 애 –

① 계명 읽기와 화성 분석

② 4박자 화음 분석과 화음 반주 넣기

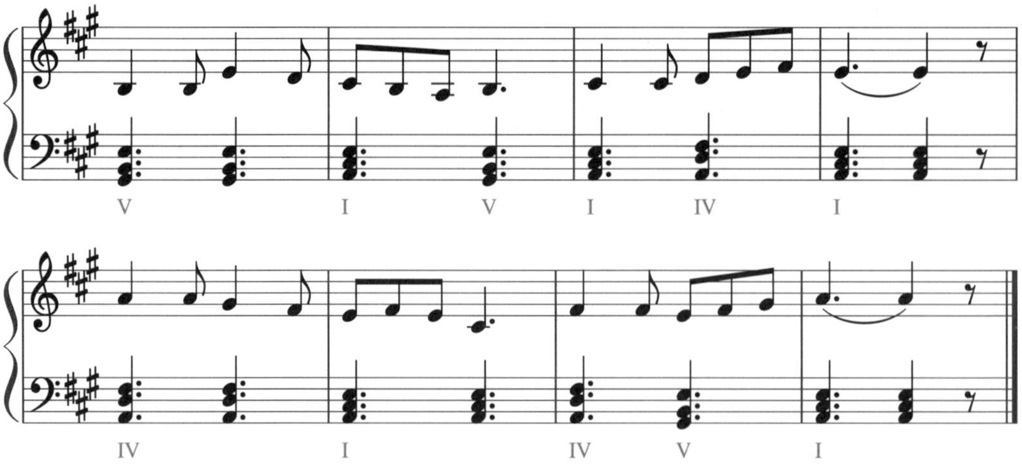
V I V I IV I
IV I IV V I

③ 4박자 반주 패턴 넣기

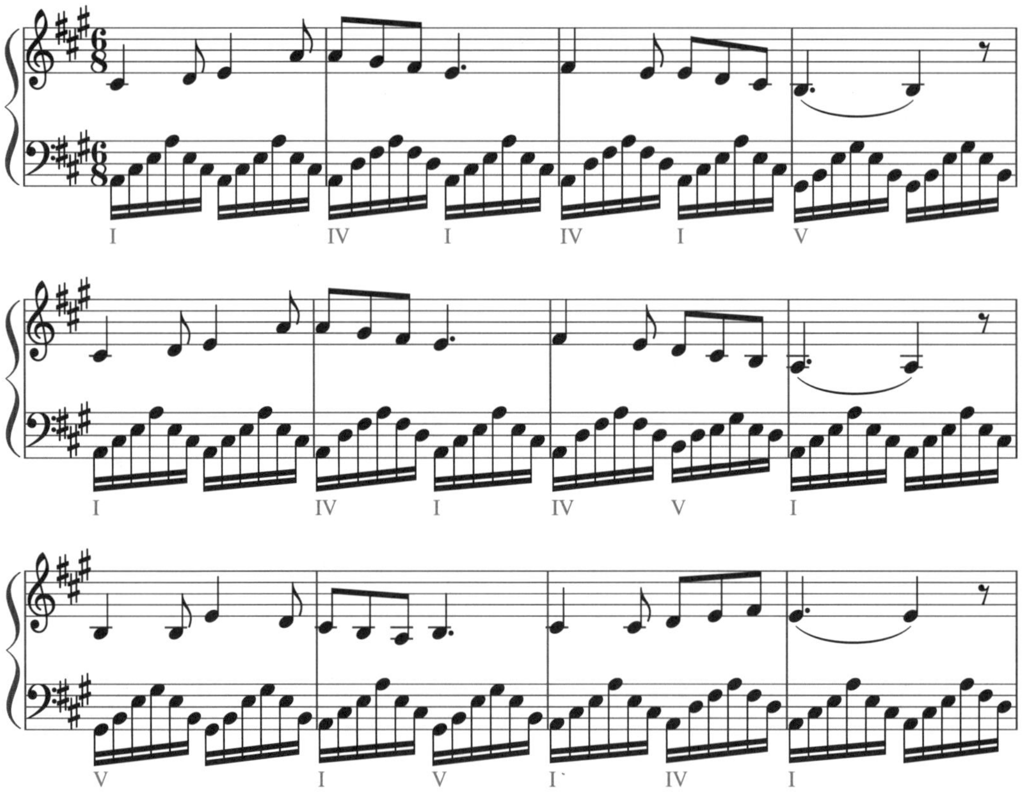
6/8
I IV I IV I V
I IV I IV V I
V I V I` IV I

④ 운지법과 마침화음 점검하기

2 1 2 5 5 4 3 2 3 2 4 3 2 1

I IV I IV I V

2 1 2 5 5 4 3 2 3 2 1 3 2 1

I IV I IV V I

2 2 5 4 3 2 1 2 3 3 1 2 3 2

V I V I IV I

5 5 4 3 2 3 2 1 3 3 2 3 4 5

IV I IV V I

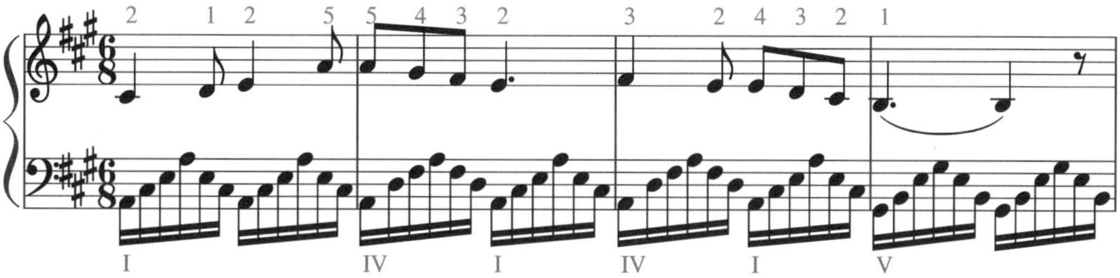

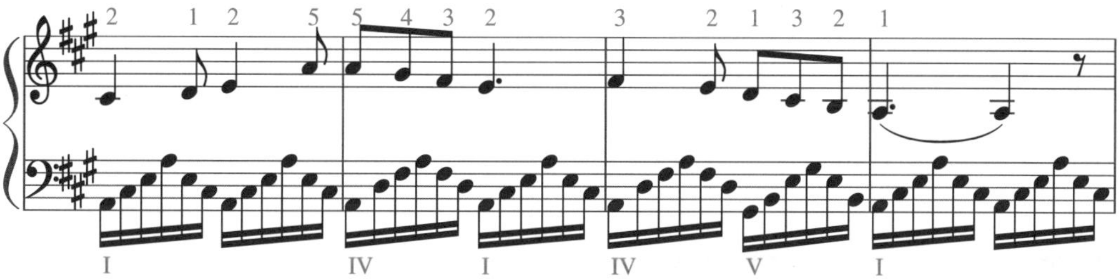

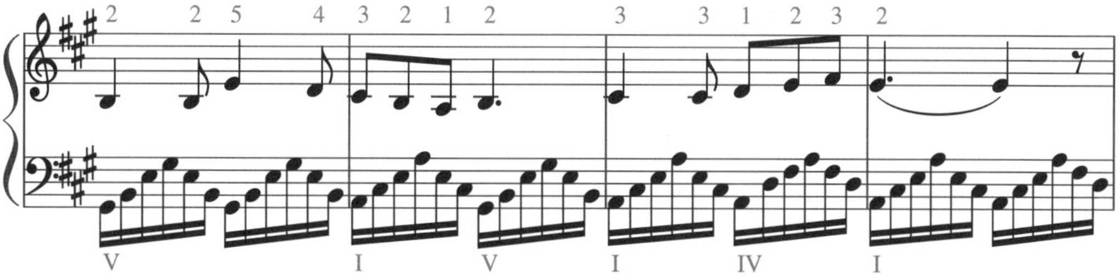

★ 가장조 동요 반주붙이기(기린이랑 사슴이랑)

김명자 작사
이은열 작곡

① 계명 읽기와 화성 분석

② 4박자 화음 분석과 화음 반주 넣기

③ 4박자 반주패턴 넣기

④ 운지법과 마침화음 점검하기

제9장 동요 반주 실습

"동요의 반주를 붙여서 연주하기 위해서는 동요의 박자에 맞는 반주형태를 선택하여야 하고 동요의 멜로디에 맞는 화성을 넣을 수 있어야 한다.

제9장에서는 예시를 통한 박자에 따른 반주형태의 선택연습과 화음선택연습, 반주를 만들어 악보로 기보하는 연습 등 동요의 반주를 직접 만들어보고 연주해 보는 훈련을 하게 된다."

주먹 쥐고 손을 펴서

윤석중 작사
루소 작곡

2 박자

C G C
주 먹 – 쥐 고 손 을 펴 – 서
5 C G
손 뼉 – 치 고 주 – 먹 쥐 고 또 다 시
10 F C
펴 서 손 뼉 치 – 고 두 – 손 을
15 F C G
머 리 에 해 님 이 반 짝 해 님이
20 C G G7 C
반 – 짝 해 님 이 반 짝 반 짝 반 – 짝

(배) 하나 주겠니?

성진희, 성경희
작사/작곡

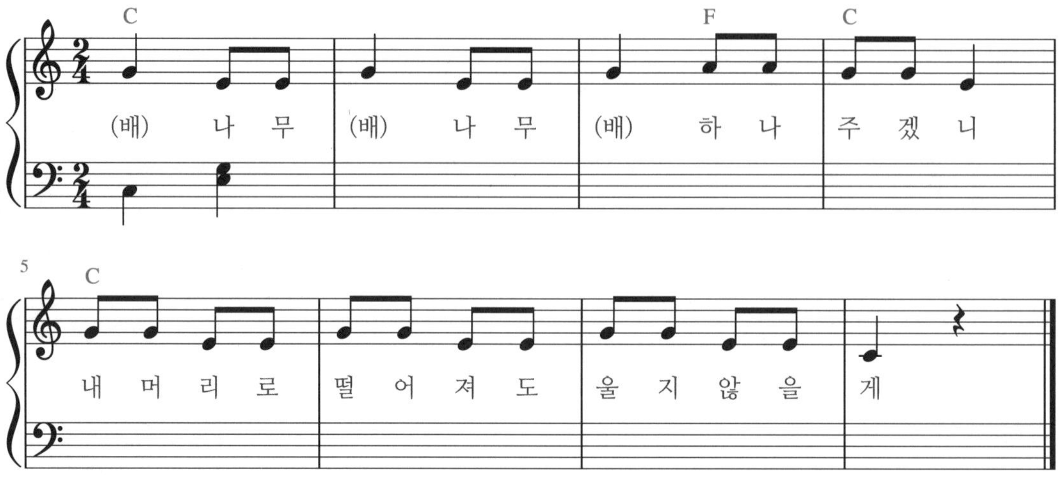
C
F
C
(배) 나 무
(배) 나 무
(배) 하 나
주 겠 니
5
C
내 머 리 로
떨 어 져 도
울 지 않 을
게

햇볕은 쨍쨍

최옥란 작사
홍난파 작곡

C
햇 볕은 쨍 쨍 모 래 알 은 반 짝
5
F C F C
모 래 알 로 떡 해 놓 고 조 약 돌 로 소 반 지 어
9
F C G C
언 니 누 나 모 셔 다 가 맛 있게 도 냠 냠

갈 때 인사

유경손 작사/작곡

C
아이 참 재 밌 어 요 우 리 유 치 원
빨 리 내 일 아 침 돌 아 왔 으 면
5
C F G7 C
벌 써 갈 시 간 이 다 되 었 네
우 리 유 치 원 에 또 오 겠 네

도깨비 나라

작사 미상
박태준 작곡

C C F C
이 상 하 고 아 름 다 운 도 깨 비 나 라
5
F C G C
방 망 이 를 두 드 리 면 무 엇 이 될 - 까
9
C C G C
금 나 와 라 와 라 뚝 - 딱 은 나 와 라 와 라 뚝 - 딱

엄지 어디 있니?

외국곡

F
엄 지 어 디 있 니 엄 지 어 디 있 니
5
F
나 여 기 있 어 나 여 기 있 어
9
F
잘 있 었 니 엄 지 반 갑 구 나 엄 지
13
C F C7 F
안 - 녕- 또 만 나-

나팔 불어요

김영일 작사
박태현 작곡

C F G7 C
햇 님 이 방 긋웃 는 이 른아 침 에 나 -팔 꽃
6
F C G C
아 -가 씨 나 팔불 어 요 잠 꾸러 기 그 만자 고
11
C F G C G G7 C
일 어-나 라 고 나 팔꽃 이 또 또따 따 나 팔불 어 요

똑같아요

윤석중 작사
외국곡

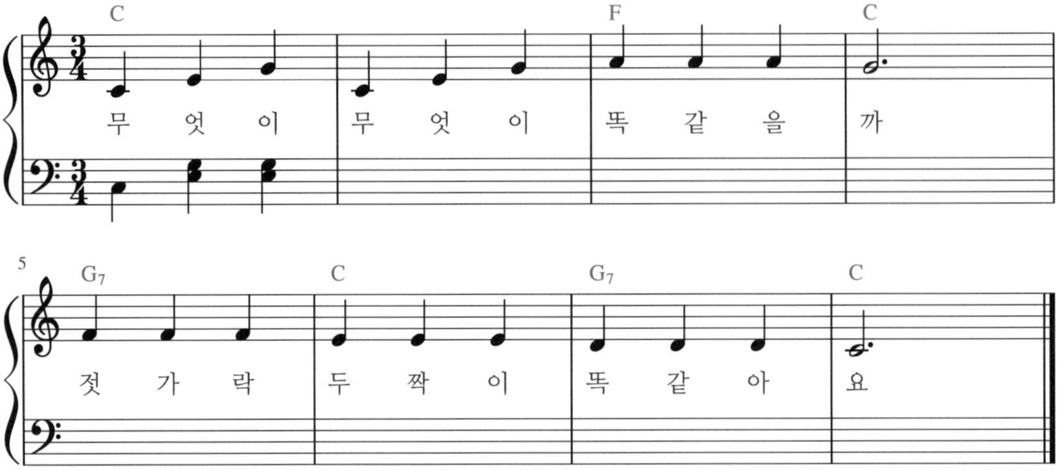
C
F
C
무 엇 이 무 엇 이 똑 같 을 까
5
G7
C
G7
C
젓 가 락 두 짝 이 똑 같 아 요

옹달샘

윤석중 작사
외국곡

B♭ E♭ F B♭
깊 은 산 - 속 옹 달 샘 누 가 와 서 먹 나 요
5
B♭ F B♭
새 벽 에 토 끼 가 눈 비 비 고 일 어 나
9
B♭ E♭ F B♭
세 수 하 - 러 왔 다 가 물 만 먹 고 가 지 요

3 박자

사과 같은 내 얼굴

김방욱 작사
외국곡

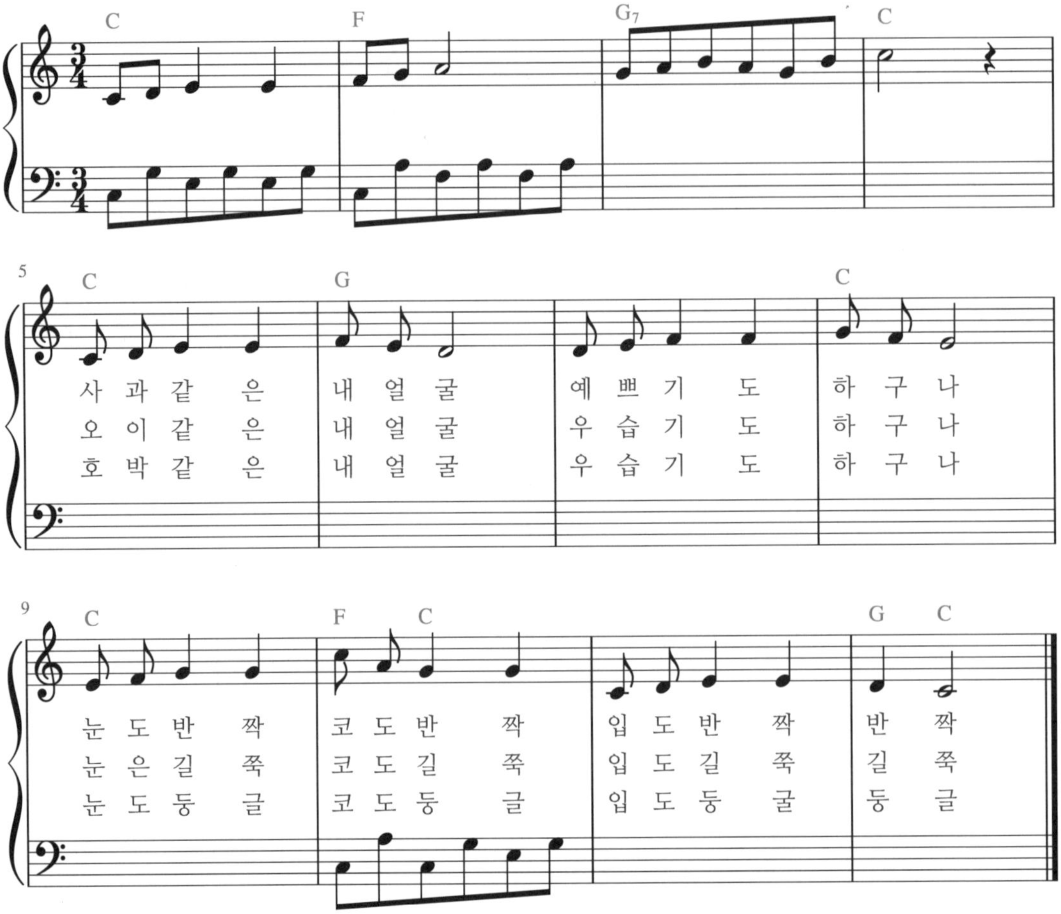
C F G7 C
5 C G C
사 과 같 은 내 얼 굴 예 쁘 기 도 하 구 나
오 이 같 은 내 얼 굴 우 습 기 도 하 구 나
호 박 같 은 내 얼 굴 우 습 기 도 하 구 나
9 C F C G C
눈 도 반 짝 코 도 반 짝 입 도 반 짝 반 짝
눈 은 길 쭉 코 도 길 쭉 입 도 길 쭉 길 쭉
눈 도 둥 글 코 도 둥 글 입 도 둥 굴 둥 글

시냇물

박화목 작사
안병원 작곡

F
C
졸 - 졸 시 냇 물 아 어 디 로 가 니
강 물 아 흘 러 흘 러 어 디 로 가 니
5
F
C7
F
강 을 따 라 가 고 싶 어 강 으 로 간 다
넓 은 세 상 보 고 싶 어 바 다 로 간 다

보슬비

함처식 작사
장수철 작곡

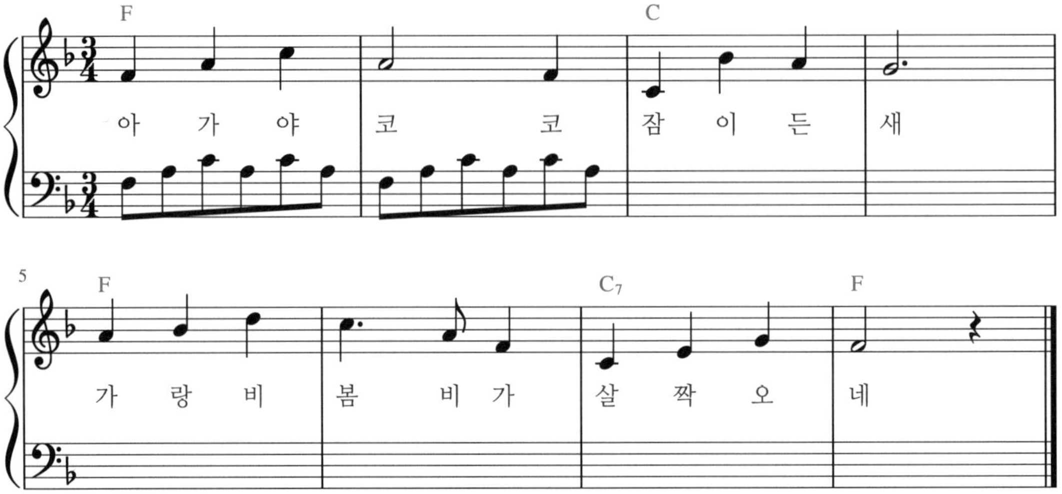
F
C
아 가 야
코 코
잠 이 든
새
5
F
C7
F
가 랑 비
봄 비 가
살 짝 오
네

들로 산으로

외국곡

C G C
꽃 놀 이 달 놀 이 봄 놀 이 봄 놀 이
6
G C
들 놀 이 산 놀 이 엄 마 아 빠
11
F C F C G C
손 목 을 잡 고 들 이 나 산 으 로 놀 러 가 자

산바람 강바람

윤석중 작사
박태현 작곡

보통빠르게
D A D A7
산 위에서 부 는바람 서 늘한바 람
5 D G A D
그 바람은 좋 은바람 고 마운바 람
9 A D G A7
여 -름에 나 무꾼이 나 무를할 때
13 D G A7 D
이 -마에 흐 른땀을 씻 어준대 요

열 꼬마 인디언

외국곡

F
C
한 꼬마두 꼬마 셋 꼬마인디 언 넷 꼬마 다섯 꼬마 여섯 꼬마 인디 언
5
F
C
F
일곱 꼬 마 여덟 꼬 마 아홉 꼬 마인디 언 열 꼬 마인디 언 들

머리 어깨 무릎 발

외국곡

C C C G
머 리 어 깨 무 릎 발 무 릎 발 머 리 어 깨 무 릎 발 무 릎 발 - 무 릎
5
C F G C G7 C
머 리 어 깨 발 - 무 릎 발 머 리 어 깨 무 릎 귀 코 귀

나무야

강소천 작사
김공선 작곡

C F G G7 C
5 C F C C
나 무 야 나 무 야 서 서 자 는 나 무 야
9 F C G C G
나 무 야 나 무 야 다 리 아 프 지
13 C F G C
나 무 야 나 무 야 누 워 서 자 거 라

4 박자

곰 세 마리

외국곡

C
곰 세 마 리 가 | 한 집 에 있 어 | 아 빠 곰 엄 마 곰 | 아 기 곰
5
C G C
아 빠 곰 은 | 뚱 뚱 해 | 엄 마 곰 은 | 날 씬 해
9
C G7 C C G7 C
아 기 곰 은 | 너 무 귀 여 워 | 으 쓱 으 쓱 | 잘 한 다

4 박자

봄바람

모차르트 작곡

mf
C F C G C G7 C
솔 솔부 는 봄 바 - 람 쌓 인눈 녹 이 고
5
mp
C G C G
잔 디 밭 에 새 싹 - 이
p
C G C G7
파 릇 파 릇 나 고 - 요
9
mf
C F G C G7 C
시 냇물 은 졸 졸 - 졸 노 래하 며 흐 르 네

4 박자

꼬부랑 할머니

한태근 작사/작곡

F C F
꼬 부랑 할머니 가 꼬 부랑 고갯길 을
5 F B♭ C F
꼬 부랑 꼬부 - 랑 넘 어가 고있 네
9 F C F
꼬 부랑 꼬부 - 랑 꼬 부랑 꼬부 - 랑
13 F B♭ C F
고 개는 열두고 개 - 고개를 고 개를 넘어간 다

고드름

유지영 작사
윤극영 작곡

F
B♭
F
고 드 름 고 드름 수 정 고 드 름
5
B♭
Bm
C
고 드 름 따 다 가 발 을 엮 어 서
9
F
B♭
F
C
F
각 시 방 영 창 에 달 아 놓 아 요

4 박자

바둑이와 고양이

외국곡

C F G
바 둑 인 멍 멍 고 양 인 야 옹 사 이 좋 게 놀 다 가 도
5
C G7 C
멍 멍 멍 야 옹 멍 멍 멍 야 옹 잘 도 싸 우 지 –
9
F G C G C F C
멍 멍 멍 야 – 옹 멍 멍 멍 야 – 옹 그 만 둡 시 다 –

꽃밭에서

어효선 작사
권길상 작곡

E♭ A♭ E♭
아 빠 하 고 나 - 하 고 만 든 꽃 밭 에 -
5
A♭ E♭ B♭ E♭
채 송 화 도 봉 숭 아 도 한 창 입 니 다 -
9
B♭ E♭ A♭ E♭
아 빠 - 가 매 어 놓 은 새 끼 줄 - 따 라 -
13
A♭ E♭ A♭ E♭ B♭ E♭
나 팔 꽃 도 어 울 리 게 피 었 습 - 니 다 -

6 박자

따오기

한정동 작사
윤극영 작곡

E♭ B♭ E♭ B♭ E♭
보 일듯 이 보 일듯 이 보 이 지 않- 는 -
5
B♭ E♭ B♭ E♭ B♭ E♭
따 옥 따 옥 따 옥 소 리 처 량 한 소 - 리 -
9
A♭ B♭ A♭ E♭ A♭ B♭ E♭
떠 나 가 면 가 는 곳 이 어 디 메 이 뇨 -
13
A♭ B♭ E♭ B♭ E♭
내 어 머 니 가 신 나 라 해 돋 는 나 - 라 -

6 박자

무지개

박희각 작사
홍난파 작곡

곱고 귀엽게

E♭ B♭ E♭ B♭
알 쏭 달 쏭 무 지 개 고 운 무 지 개 –
5
E♭ E♭ B♭ E♭
선 녀 들 이 건 너 간 오 색 다 리 가 –
9
A♭ E♭ A♭ E♭
누 나 하 고 나 하 고 둥 둥 떠 올 라 –
13
A♭ B♭ E♭ B♭ E♭
고 운 다 리 그 다 리 건 너 봤 으 면 –

6 박자

제10장 유아 동요 반주곡

안녕

3세 누리과정
유치원과 친구

김지혜 작사/작곡

C G7 C
5 C G7 G
우 리우 리 선 생 님 안녕하세요 우 리우 리 친 구 들 안 녕 안 녕
9 C F G7 C
룰 루룰 루룰 루룰 루 랄 라랄 라라 오 늘하 루를 즐 겁 게

오늘의 간식

3세 누리과정
유치원과 친구

김지혜 작사/작곡

C G C G7 C
C G7 G C
오 늘 의 간 식 과 일 이 에 요 오 늘 의 간 식 빨 간 색 이 죠
C F C G7 C G C
오 늘 의 간 식 아 삭 아 삭 해 그 건 그 건 바 로 바 로 사 - 과

우리 우리 친구

3세 누리과정
유치원과 친구

김지혜 작사/작곡

C G C G7 C
C G G7 C
정 우 우 - 리 우 리 정 우 윤 지 우 - 리 우 리 윤 지
C G C G7 C
지 우 우 - 리 우 리 지 우 모 두 반 갑 게 인 사 합 시 다

살금살금

3세 누리과정
유치원과 친구

김지혜 작사/작곡

C G7 G G7 C G C
5
C G G C
하 양 반 이 걸 어 요
(살 금 살 금)
소 리 없 이 걸 어 요
(살 금 살 금)
9
C G7 C G C
줄 을 서 서 걸 어 요
(살 금 살 금)
교 실 로 걸 어 가 고
있 어 요

정리하는 손

3세 누리과정
유치원과 친구

김지혜 작사/작곡

C
C G C
G
C G C
5
C
C G C
G
C F G
정 리 하 는 ○ ○ 이 의
멋 진 손
블 록 들 을 정 리 하 고
있 어 요
9
C
C G C
G_7
G
C G C
정 리 하 는 ○ ○ 이 의
멋 진 손
블 록 들 을 정 리 하 고
있 어 요

유치원 원가

홍은순 작사
김공선 작곡

C F C G7
5 C G A G
우 리 들 은 파 릇 파 릇 움 트 는 새 - 싹
우 리 들 은 둥 지 안 의 아 기 - 비 둘 기
9 C G
키 도 같 고 몸 도 같 은 한 또 래 아 이 들
엄 마 품 에 따 뜻 하 게 꼭 안 - 기 어 서
13 F C D
같 이 놀 고 같 이 뛰 - 고 함 께 자 라 요
파 란 꿈 을 가 득 안 - 고 같 이 자 라 요
17 C F C G C
자 랑 의 꽃 피 우 겠 어 요 ○ ○ - 유 치 원
착 한 마 음 가 지 겠 어 요 ○ ○ - 유 치 원

우리 유치원

박화목 작사
한용희 작곡

C F G C
5 C F C
꽃 밭 에 는 꽃 들 - 이 모 - 여 살 구 요
미 - 끄 럼 그 네 뛰 기 재 - 미 있 구 요
9 C G7 C
우 리 들 은 유 치 원 에 모 - 여 살 아 요
선 생 님 의 풍 금 맞 춰 노 - 래 도 하 죠
13 F C G
우 리 유 치 원 우 리 유 치 원
우 리 유 치 원 우 리 유 치 원
17 C F G C
착 - 하 고 귀 여 운 아 이 들 의 꽃 동 산
착 - 하 고 귀 여 운 아 이 들 의 꽃 동 산

꽃을 돌봐요

3세 누리과정
동식물과 자연

박정선 작사
송지애 작곡

C
G
C
G7
C
5
C
G
G
꼬 옥 꼬 옥
물 을주고 -
반 짝 햇 빛
쬐 어주고 -
9
C
F
C
G7
C
사 랑하는마 음
으 - 로
꽃 을 돌 봐
요

나는 열매

3세 누리과정
동식물과 자연

김지현 작사/작곡

F C G7 C
C G C
나 는 열 매 나 는 열 매 나 무 에 매 달 린 열 - 매
C G7 C
고 슴 도 치 처 럼 뾰 족 한 껍 질 단 단 해 딱 딱 해
F C G7 C
나 는 누 - 구 일 까 요 - 고 구 마 처 럼 노 란 속 살
F C G C
나 는 누 - 구 일 까 요 - 몸 에 좋 은 밤 이 죠 -

치카치카 이를 닦자

3세 누리과정
건강과 안전

김지운 작사/작곡

C G
5 C C G7
치 카 치 카 이 를 닦자 윗 니 아랫니 반 짝반 - 짝
9 C F C G C
칫 솔 친 구 치 약 친구 우 리 모 두 함 께 해요

모두 닦아요

3세 누리과정
건강과 안전

김지운 작사/작곡

C G C G C
5 C G C C G
손과발 깨끗이 모 두닦 아 요 우 리 는씩 씩한 어 린 - 이
9 C G Am C G C
하얀이 깨끗이 모 두닦 아 요 우 리 는깨 끗 해 요 건 강 해요

꿈나라에서 우리 만나요

3세 누리과정
건강과 안전

김지운 작사/작곡

C A7 Dm G
4 G C
6 C A7 Dm G
놀 이 끝 나 고 친 구 들 하 고 이 제
달 님 친 구 랑 별 님 선 생 님 꿈 나
9 G C C A7
는 자 야 할 시 간 - 꿈 나 라 에 - 서 우 리
라 에 서 만 나 요 - 나 는 요 엄 마 품 너 무
12 Dm G C
만 나 요 이 제 는 자 야 할 시 간 -
좋 아 요 꿈 나 라 에 서 만 나 요 -

얌냠냠

3세 누리과정
건강과 안전

김희경 작사
김숙경 작곡

C G7 C
5 C G
꼭 꼭 - 씹 어 요 얌 냠 냠
9 C G
맛 있 는 음 식 을 얌 냠 냠
13 C G
골 고 루 먹 으 면 기 운 이 나 요
17 C G7 C
우리 아 빠 같 이 기 운 이 나 요

그대로 멈춰라

3세 누리과정
건강과 안전

김방옥 작사/작곡

C G Am G7 C
5 C G C G7
즐 겁 게 춤 을추 다 가 그 대 로 멈 춰 라
9 C G Am G C
즐 겁 게 춤 을추 다 가 그 대 로 멈 춰 라
13 F C G C
눈 도 감 지 말 고 웃 지 도 말 고 울 지 도 말 고 움 직 이 지 마
17 C G C G7
즐 겁 게 춤 을추 다 가 그 대 로 멈 춰 라
21 C G Am G7 C
즐 겁 게 춤 을추 다 가 그 대 로 멈 춰 라

컴퓨터 체조

3세 누리과정
생활도구

김명화 작사
김순아 작곡

C G C
5 C G
빙 글 빙 글 손 목 운 동 즐 거 운 체 조
9 G F C
으 쓱 으 쓱 어 깨 운동 신 나 는 체 조
13 F C
탱 글 탱 글 눈 운 동 재 밌 는 체 조
17 G C
즐 겁 고 신 - 나 는 컴 퓨 터 체 조

춤 추는 빗방울

3세 누리과정
환경과 생활

정애경 작사/작곡

C G C
5 C G C
쏴 아 쏴 아 후 두 두 두- 풍 덩 풍 덩 비 가 온 다-
9 C G C
똑 똑 똑 똑 빙 그 르 르- 춤 추 는 빗 -방 울 -

몰래 들어와서는

3세 누리과정
환경과 생활

김성균 작사/작곡

C G C G
5 C G G C F G
나뭇잎들이
나뭇잎들이
찰 찰 찰 찰
놀이하는데
9 C G C
장난꾸러기
손 - 바람이
몰 래 몰 래
들어와서는
13 C G C
살살살살살살살살
살살살살살
간 지럼태 우
고
17 C G G7 C
솔솔솔솔솔솔솔솔
솔솔솔솔솔
어느틈에달아났어
요

빛과 그림자

3세 누리과정
환경과 생활

강아솔 작사/작곡

C G C
5 C G C
빛 이 나 를 만 났 을 때 에
9 F C G C
내 뒤 에 숨 었 던 그 림 자 나 타 나
13 F C G C
빛 에 게 말 했 지 내 게 쉬 다 가 라 고

꼬마 눈사람

3세 누리과정
봄, 여름, 가을, 겨울

강소천 작사
한용희 작곡

C G7 C
5 C F C
한 겨 울 에 밀 집 모 자 꼬 마 눈 사 람
하 루 종 일 우 두 커 니 꼬 마 눈 사 람
9 F C G C G7
눈 썹 이 우 습 구 나 코 도 - 삐 뚤 고
무 엇 을 생 각 하 고 혼 자 - 섰 느 냐
13 C F C G C
거 울 을 보 여 줄 까 꼬 마 눈 사 람
집 으 로 들 어 갈 까 꼬 마 눈 사 람

둥근 해가 떴습니다

손형순 작사
최종진 작곡

C F C G C
C F C G
둥 근해 가떴 습 니 다 자 리에 서일 어 나 서
꼭 꼭씹 어밥 을 먹 고 가 방메 고인 사 하 고
C F C G C
제 일먼 저이 를 닦 고 윗 니아 랫니 닦 자
유 치원 에갑 니 다 – 씩 씩하 게갑 니 다
Fine
F C F C G7 C
세 수 할 때는 깨 끗 이 이 쪽 저 쪽 – 목 닦 고
C F C G C
머 리빗 고옷 을 입 고 거 –울 을봅 니 다
D.S.

내 마음이 행복해져

4세 누리과정
유치원과 친구

양이슬 작사/작곡

F C G C
5 C G Am C F F♯ G C G Am
유 치 원 을 생 각 하 면 은 내 마 음 이
유 치 원 을 생 각 하 면 은 내 마 음 이
11 F G7 C C7 F C G C
행 복 해 져 요 사 랑 하 는 선생님도 있 고
즐 거 워 져 요 재 미 있 는 놀잇감도 있 고
17 F C G G7 C
소 중 한 친 구 들 도 있 지 요
즐 – 거 운 놀 이 도 있 지 요

유치원/어린이집에서

양이슬 작사/작곡

C Dm C F G
4
C G Am F G C
7
C Dm C F G C
랄 라랄 라 라 따뜻한 햇 살 받 으 며 오늘도
친 -구 - 야 정말로 보 고 싶 었 어 오늘도
11
F G C Am F G G7
설 레 이 는 마 음으로 유치 원 에 왔 어 요
행 복 하 고 즐 겁-게 우리 함 께 지 내 자

15
C Dm C F G C
사 -랑 하 는 선생님 과 인 사 하 고 스스로
랄 라랄 랄 라 맛있는 점 심 도 먹 고 재밌는
19
F G C G Am F G C
정 리 하 고 재 밌는 - 놀 이 시작 해 야 지
놀 이 도 하 고 안녕 - 내 일 또 만 나 자

모두가 행복해지는 방법

4세 누리과정
유치원/어린이집과 친구

양이슬 작사/작곡

C F C G C
5
C G C G
친 구 들 과 얘 기 할 땐 어 떻 게 할 까
9
C G C G C
모 두 가 행 복 해 지 는 방 법 이 있 네
13
F C G7 C G C
친 절 하 게 말 하 기 이 야 기 들 어 주 기 – –
17
F C F G C
사 랑 한 다 고 말 해 주 기 – 친 구 들 에 게 –

사랑하는 우리 이웃

4세 누리과정
우리동네

박선자, 김금희 작사
이예나 작곡

C G7 G C
5 C G7 C G7
안녕 안녕 하 세요 - 안녕 인사 합 니다 -
안녕 안녕 하 세요 - 안녕 고맙 습 니다 -
9 C F C C F C
동 네 사 람 만 나 면 안녕하세요- 만 나 서 반갑게 인사해 요
동 네 사 람 이 사오면 환영합니다- 다 같 이 반갑게 환영해 요
13 F C G
좋 은 일 있 으 면 함 께 기 뻐 해 - 요 서 로 인 사 하 고
힘 든 일 있 으 면 함 께 도 와 줘 - 요 서 로 인 사 하 고
16 C G G7 C
도 와 주 는 우 리 이 웃 사 랑 합 니 다
도 와 주 는 우 리 이 웃 사 랑 합 니 다

작은 동물원

김성균 작사/작곡

F C G C
5 C G7
삐 약 삐 약 병 아 리 음 매 음 매 송 아 지
9 C F C G7 C
따 당 따 당 사 냥 꾼 뒤 뚱 뒤 뚱 물 오 리
13 F C G7 C
푸 푸 개 - 구 리 - 집 게 집 게 집 게 가 - - 재 -
17 F C C G C
푸 르 르 르 르 르 르 물 풀 ○○ ○○ ○ 소라

기린이랑 사슴이랑

김영자 작사
이은열 작곡

C G G7 C
5 C G7
기 린이랑 사 슴이랑 숨바꼭질재 밌 다
9 C G
바위뒤에기 린 목 잘 - 들 키 고
13 C G C G C
나무뒤에사 슴 뿔 안 - 들 키 고

여치와 사마귀

4세 누리과정
동식물과 자연

지옥정 작사
김경화 작곡

C
G
5
C
여 - 치 가 나 온 다 여 - 치 가 나 온 다
9
G
풀 밭 에 서
13
C
사 마 귀 가 나 온 다 사 마 귀 가 나 온 다
17
G7
숲 속 에 서

21
C
여 - 치 가 먹 는 다 여 - 치 가 먹 는 다
25
G
딱 정 벌 레 를
29
C
G7
사 마 귀 가 본 다 사 마 귀 가 본 다
33
G7
C
여 치 를

산중호걸

이요섭 작사/작곡

C
F G7 C
5
C
산 중
호 걸 이 라 하 는
호 랑 님 의
생 일 날 이 되 어
9
C
G7
각 색 짐 승
공 – 원 에 모 여
무 도 회 가
열 렸 네
13
F
C
토 끼 는
춤 추 고
여 우 는
바 이 올 린
그 중 에
한 놈 이
잘 난 체
하 – 면 서
17
C
C G7 C
찐 짠
찌 가 찌 가 찐 짠
찐 짠 찐 짠
하 더 라
까 불
까 불 까 불 까 불
까 불 까 불
하 더 라

주전자

4세 누리과정
생활도구

이순례 작사
외국곡

나는작고뚱 뚱한 주 전 자
손 잡이있 고 주둥이있죠
부글부글물 이 끓 으 면
쭉 기울여따라 주 세 요

다장조

무엇이 필요할까요?

4세 누리과정
생활도구

남주희 작사
서광선 작곡

C
F
C
5
C
F
C
주르륵 주르륵 비가오는날 무엇이 무엇이 필요할까요
새근 새근 잠을 - 잘때 무엇이 무엇이 필요할까요
9
C
G C
3
그 건바 로우산 비 를막아주는 고마운우 산 우 산
그 건바 로이불 포근 히덮어주는 고마운이 불 이 불

아껴요 아껴

4세 누리과정
생활도구

최신애 작사
서광선 작곡

C G G7 C
5 C G
나 는 나 는 컴 퓨 터 새 로 운 소 식 알 려 주 고
9 C G C
3 3
나 는 나 는 컴 퓨 터 재 밌 는 동 화 도 들 려 주 지 요
13 G C
컴 퓨 터 가 하 는 말 (오래오래 켜지마) (아잉 힘들어)
17 F G C
아 껴 서 사 용 하 면 나 는 나 는 행복해

가위

강신욱 작사
이수인 작곡

C F C G C
5 C F C G C
가 위 로 가 위 로 무 얼 할 까 요 싹 둑 싹 둑 종 이 를 자 르 지 요
9 C F C G C
가 위 로 가 위 로 무 얼 할 까 요 싹 둑 싹 둑 싹 둑 싹 둑 자 르 지요
13 F C G7 C G C
가위 로 가위 로 무 얼 할 까 요 싹 둑 싹 둑 예 쁜 옷 을 만 들 지 요
17 C F G C
싹 둑 싹 둑 싹 둑 싹 둑 싹 둑 싹 둑 싹 둑 싹 둑 싹 둑 싹 둑 싹둑 싹둑 싹 둑 싹 둑싹 둑

종이접기

강소천 작사
정세문 작곡

C F C
5 C G7
빨 강 빨 강 종 이 론 무 얼 접 을 까
빨 강 빨 강 종 이 론 예 쁜 꽃 접 고
9 C G7 C
파 랑 파 랑 종 이 론 무 얼 접 을 까
파 랑 파 랑 종 이 론 예 쁜 새 접 지
13 F C F C
빨 강 꽃 들 피 어 라 푸 른 벌 판 에
빨 강 꽃 들 피 어 라 푸 른 벌 판 에
17 C G C
파 랑 새 들 날 아 라 푸 른 하 늘 에
파 랑 새 들 날 아 라 푸 른 하 늘 에

허수아비

김규환 작사/작곡

C G C F C G7 C
5 C G C F C F G C G7 C
하 루 종 일 우 뚝 서 있 는 성 난 허 수 아 비 아 저 씨
9 C G C G C G7
짹 짹 짹 짹 짹 아 이 무 서 워 새 들 이 날 아 갑 니 다
13 C G C F C F G C G7 C
하 루 종 일 우 뚝 서 있 는 성 난 허 수 아 비 아 저 씨

간다 간다

4세 누리과정
교통기관

김성균 작사/작곡

C G C
5
C G7 G C
간 다 간 다 간 다 간 다 골 목 길 로 간 다 간 다 간 다 간 다 넓 은 길 로
간 다 간 다 간 다 간 다 지 붕 위 로 간 다 간 다 간 다 간 다 구 름 위 로
간 다 간 다 간 다 간 다 산 을 넘 어 간 다 간 다 간 다 간 다 강 을 건 너
9
C G7 G C G C
간 다 간 다 간 다 간 다 뛰 뛰 빵 빵 랄 라 라 라 자 동 차
간 다 간 다 간 다 간 다 하 늘 높 이 랄 라 라 라 비 행 기
간 다 간 다 간 다 간 다 굴 을 건 너 랄 라 라 라 기 - 차

씽씽 굴러가는 바퀴

4세 누리과정
교통기관

서소영 작사/작곡

C F F G C
C G F G
씽 - 씽 - 씽 - 씽 - 달 린 다 언 덕 으 로 골 목 으 로 달 린 다
돌 - 돌 - 돌 - 돌 - 달 린 다 자 전 거 도 자 동 차 도 달 린 다
C C7 F Dm G C
비 틀 비 틀 비 틀 비 틀 하 면 서 잘 - 도 굴 러 가 는 바 퀴 들
흔 들 흔 들 흔 들 흔 들 하 면 서 잘 - 도 굴 러 가 는 바 퀴 들
C F F G C
세 모 난 바 퀴(아니!) 네 모 난 바 퀴(아니!) 동 - 그 란 모 양 의 바 퀴 들
세 모 난 바 퀴(아니!) 네 모 난 바 퀴(아니!) 동 - 그 란 모 양 의 바 퀴 들

인절미와 총각김치

4세 누리과정
우리나라

C
G
C
5
C
F
C
여러 분 인절 미가 시
집 간 대요
팥고 물 과콩 고물 로
화 장을 하고
여러 분 총각 김치 장
가 간 대요
새 빨 간고 추물 에
목 욕을 하고
9
C
G7
C
동 그 란쟁 반위 에
올라 앉 아서 시
집을 간다 네
입 속 으로
기 다 란나 무위 에
올라 앉 아서 장
가를 간다 네
입 속 으로

자동차는 바빠요

4세 누리과정
교통기관

위효실 작사
박양현 작곡

C
G
6
C
G
G7
G
자동차는바빠요
자동차는바빠요
차를먼저보내고
안전하게건너요
10
C
G
G7
C
자동차는못봐요
자동차는못봐요
옆에서놀면안돼요
뒤에서놀면안돼요
14
C
G7
C
자동차는빨라요
자동차는빨라요
멀리있어보여도
조심 또조심
18
C
F
G
C
자동차는멋져요
자동차는멋져요
안전하게이용 해
요 멋진자동차

바람은 장난꾸러기

4세 누리과정
환경과 생활

정애경 작사/작곡

자진모리장단

C Am Dm G
5 C Am Dm E
바 람은- - 장난꾸러기 - 민지치마흔 들 고 - 솨아
9 Am F Dm G C
살랑살랑- - 살랑불어와 - 준수머리헝클어놓 네 - 사락

지구촌 한가족

4세 누리과정
세계 여러 나라

김진영 작사/작곡

C F C G C
5 C F C G7
노 란 얼 굴 하 얀 얼 굴 갈 색 이 나 검 어 도
헬 로 봉 주르 니 하 우 마 인 사 말 은 달 라 도
9 C F C G C
모 두 모 두 지 구 촌 에 함 께 사 는 한 가 족
모 두 모 두 마 음 속 엔 안 녕 인 사 한 다 네

햇빛을 찾아서

4세 누리과정
환경과 생활

김재순 작사/작곡

C
G7 G
G C
5
C
어 디 어 디 있 을 까
찾 아 보 자
G7
따 뜻 하 고 밝 - 은
G C
햇 빛 친 구
9
C
뭉 게 구 름 사 이 로
F
얼 굴 내 밀 고
G7
환 히 - 비 추 네
C
우 리 얼 굴 을

노래하는 숲속

4세 누리과정
환경과 생활

손영옥 작사
진동주 작곡

C F G C
5 C F C G7 G
나뭇잎소 리 풀잎소리 똑 똑 똑 산 이 슬 소 리
9 C F G G9 C C7
산 새들 이 노래한다 우리 모두 노래 부르 자 랄랄 라
13 F C G C
휙휙 삘리리 휘 파람불며 산 바 람 오솔길 걸 어보자
17 F C D7 G
야호 야야호 장 단맞추어 메아 리 도야 야하 호

21
C
F
C
G
G7
풀벌레소 리
바람소리
포 로 롱 꽃 피 는 소
리
25
C
F
G
C
시 냇물 이
노래한다
우리 모 두 노 래 부 르
자

선생님이 좋아서

5세 누리과정
유치원과 친구

방은영 작사/작곡

F C G C
5 C
선 생 님 이 좋 아 서 활 짝 웃 었 죠
9 G C
선 생 님 도 날 보 며 활 짝 웃 었 죠
13 C C F
우 리 서 로 만 나 면 활 짝 웃 어 요
17 C G C
반 갑 게 인 사 하 면 서 활 짝 웃 어 요

내 친구

5세 누리과정
유치원과 친구

방은영 작사/작곡

C F C G7 C
5
C G7 C
친 구 참 - 멋 진 친 구 야 내 친 구 참 - 좋 은 친 구 야 내
9
C F C G7 C
친 구 사 랑 스 런 친 구 야 만 나 서 반 - 가 워

다
장
조

어머님 은혜

윤춘병 작사
박재훈 작곡

C F C G7 C
5 C F C F C G G7
높 고높 은 하늘이라 말 들하-지 만 -
9 F C F G C
나 는나 는 높-은게 또 하나-있 지 -
R.H
13 G C G C F C
낳 으시 고 기르시는 어 머님-은 혜 -

17
C G C F G7
푸 른하 늘 그보다도 높 은것-같 애 -

우리 엄마

양한나 작사
김성균 작곡

C G C
5 C G
우 리 엄 마 품 에 잠 들 면 나 는 나 는 천 사 가 되 죠
9 C G C
우 리 엄 마 노 래 부 르 면 나 는 나 는 공 주 가 되 죠
13 G C F G7
매 일 매 일 보 아 도 매 일 매 일 들 어 도 우 리 엄 마 목 소 리 난 좋 아
17 C G7 D G C
엄 마 엄 마 엄 마 가 좋 아 우 리 엄 마 난 좋 아

정다운 이웃

5세 누리과정
우리 동네

박수정 작사
김애경 작곡

C F C G C
5 C F C F G
바 쁜 이 웃 도 울 사 람 누 구 일 까 요
아 픈 이 웃 도 울 사 람 누 구 일 까 요
9 C F G C
내 가 먼 저 달 려 가 서 도 와 줄 거 야
내 가 먼 저 달 려 가 서 도 와 줄 거 야

다장조

내가 살고 있는 동네는?

5세 누리과정
우리 동네

이지현 작사/작곡
내가 좋아하는 공룡 편곡

내 가살 고 있 는 동 네 는 파 란 시 노-란동 초 - 록 아파트-
내 가살 고 있 는 동 네 는 파 란 시 노-란동 초 - 록 아파트-
마 트 도있고 공 원 도있는 살 기 좋 은 동 네
우 - 리 - 동 네 우 - 리 - 동 네 파란시- 노란동-

들짐승을 집에서 못 키우는 이유

5세 누리과정
동식물과 자연

김진영 작사/작곡

C F G C
5 C F D G
왜 - 들 짐 승 을 집 에 서 못 키 울 까 왜 못 키 울 까?
9 C F G C
몸 이 너 무 크 고 너 무 사 나 워 서 집 에 서 못 키 우 지

함께 걸어요

5세 누리과정
동식물과 자연

손혜진 작사/작곡

C G F C C G
5 C G F C C G F G
숲 내 음 을 맡 으 며 푸 른 숲 길 걸 으 면
9 F G F G
나 무 들 도 인 사 해 산 새 들 도 노 래 해
13 F G F G
나 비 들 도 춤 추 며 반 갑 다 고 해
5 3 2 1 2 1 2 4
17 C G F C C G C
기 분 좋 은 숲 속 을 함 께 걸 어 요

갯벌에는

5세 누리과정
유치원과 친구

손혜진 작사/작곡

C A7 G C
5 C A7 Dm
질 퍽질 퍽갯 -벌 에 처 벅처 벅들 어가 삐 끔삐 끔조 개캐 면
8 G C A7
발 가락 은간 질 통 통통 통망 -둥 어 따 각따 각게
11 Dm G G7 C
미 끌미 끌갯 지렁 이 갯 벌안 에있 죠 랄 라랄 랄라
14 F G G7 C
랄 라랄 랄라 갯 벌안 에모 두살 아 요

공

5세 누리과정
건강과 안전

손혜진 작사/작곡

C F C G C
C G7 C G7 C
발 로 뻥 차면 슛 골인 방망이로딱 치면 홈 -런
조그 만 구 멍에 쏙 성공 손으로-통 통통 골대 에쏙
C F C C G7 C
데구르르굴러가서 스트 라이크 왔다갔다왔다갔다 탁 구공
휘--익퍽-아웃 피 구공 떨어지지않게점프 배 구공

손 씻기 송

5세 누리과정
건강과 안전

대한영양사협회

F C G C
C G G7 C
두 손을흐르는물에 비 누거품을내어 손깍지를끼고사이 사이문질러
C F C G7 C
손 가락끝으로 반대손바닥 까지 싹 싹 비벼주 - 자
F C G C
손 톱을마주보게 문 질 러 흐 르는물에 비누 기를깨끗이
F C G7 C G7 C
행 궈낸두 손은 산 뜻 하 게 종이타올로 마무 리 하 자

나는 힘이 나죠

5세 누리과정
생활도구

양성숙 작사
최신애 작곡

F G C
5
C F C F C G7 C G
나 는나 는- 부릉부릉자동차 콸콸콸콸기름-먹고 힘이 나죠
나 는나 는- 째깍째깍시-계 동글동글건전지먹고 힘이 나죠
9
C G C D G Dm G C
나 는나 는- 윙윙윙윙청-소기 찌릿찌릿전기먹고 힘이 나죠
나 는나 는- 빙글빙글바람개비 예쁜손이돌려주면 힘이 나죠

안경

5세 누리과정
생활도구

서광선 작사/작곡

C F G7 C C
할 아 버 지 안 경은 돈 보기 안 경
수 영 할 때 쓰 는건 물 안경 이 죠
5 C G7 C F C
아 빠 쓰 는 안 경은 선 그라스 죠 우 리 엄 만 멋 쟁이 콘 택트 렌즈
스 키 탈 때 쓰 는건 고 -글 안 경 밤 하 늘 별 보 는건 천 체망 원 경
9 C G7 G C
나 - 는 야 재 미 있 는 쓰 리 디 안 - 경
작 은 것 도 크 게 보 는 현 - - 미 - 경

다장조

소중한 전기

5세 누리과정
생활도구

김경례 작사
최신애 작곡

껏 다 켰 다 형 광 등 힘 들어힘 들 어
열 고 닫 고 냉 장 고 힘 들어힘 들 어
필 요 할 땐 한 번씩 우 리 모 두 아 껴 써 요
소중 한전 기 고마운전기 우 리 모 두 아 껴 써 요

인터넷 나라

5세 누리과정
생활도구

노운서 작사/작곡

컴 퓨 터나라에 인 터 넷나라에 마 법사가들어 있 나 봐
클 릭클 릭비행기표 디 디디 디영상통화 마 법처럼신기 하 지 요
검색해요요리정보 화상채팅이메일 우리가족 도와주 죠
게임나라동화나라 우리들도신나지만 눈 이아파손목아파 클릭조금만

옛날부터 지금까지

5세 누리과정
생활도구

김형아 작사/작곡

C G Am C C Am G C
5
C G F C Dm G7
들 들들들멧 – 돌은 빙 글빙글믹서로 살 살살살부 – 채는 쌩 쌩쌩쌩선 – 풍기
가 물가물호롱불은 대 낮같은형광등 아 궁이와가마솥은 치 치치치전기밥솥
9
C G F C Am G7 C
소 삭소삭짚 – 신은 뚜 벅뚜벅구두로 옛날부터지금까지 새 – 롭게변하네
쓱 싹쓱싹빗자루는 왱 왱왱왱청소기 옛날부터지금까지 새 – 롭게변하네

돛단배

5세 누리과정
교통기관

방은영 작사/작곡

C
G
C
5
C
푸 른 바 다 건 널 때 에 무 엇 을 탈 까
푸 른 바 다 물 결 타 고 돛 단 배 하 나
9
F
C
G
바 – 람 에 펄 럭 이 는 날 개 달 고 서
바 다 건 너 여 행 하 는 친 구 태 우 고
13
C
F
두 – 둥 실 물 결 따 라 잘 도 가 는 데
바 람 따 라 살 랑 살 랑 잘 도 갑 니 다
17
F
C
G
C
바 람 따 라 움 직 이 는 그 건 돛 단 배
갈 매 기 도 춤 을 추 며 따 라 갑 니 다

커다란 꿀밤 나무아래서

5세 누리과정
세계 여러 나라

외국곡

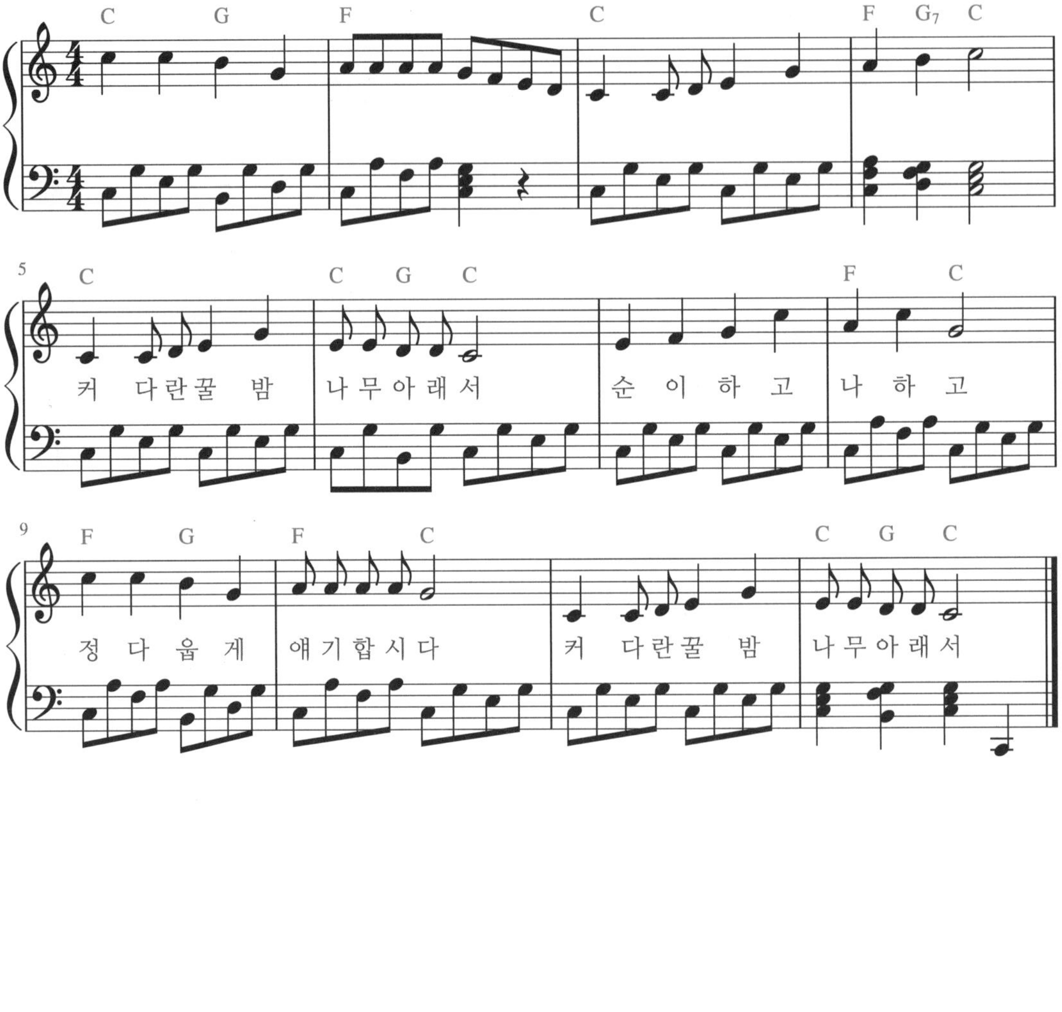
C G F C F G7 C
5
C C G C F C
커 다란꿀 밤 나무아래서 순 이 하 고 나 하 고
9
F G F C C G C
정 다 웁 게 얘기합시다 커 다란꿀 밤 나무아래서

작은 집 창가에서

5세 누리과정
세계 여러 나라

김진영 작사/작곡

C
G
G7
C
5
C
G
C
작은집 창가에서 랄 라 라 랄 라 라 랄 라 라
9
G
작은집 창가에서 랄 라 라 노 래 합 니 다

다
장
조

아름다운 지구인

조경서 작사
윤영배 작곡

C F C G7 C
5 C F C G G7
저 넓 은 우 - 주 에 - 수 많 은 별 들 이 있 지 요
9 C F C G7 C
아 름 다 운 별 지 - 구 에 - 수 많 은 나 라 와 사 - 람 들
13 G C F G
아 빠 의 나 - 라 는 - 엄 마 의 나 - 라 는 -
17 F C G G7 C
친 구 의 나 라 는 어 디 죠 선 생 님 의 나 라 는 어 디 죠

21
C F C G
나 라 가달 - 라 도 -
얼 굴이 달 - 라 도 -
25
F C G G C
우 리는 친 - 구 우리는 가 족
함께사 는 아름다 운 지 구인

빛은 소중해

5세 누리과정
환경과 생활

김나래 작사
오성란 작곡

C G
5 C F C G G7
빛은 너무 소 중 해 빛은 너무 고 마 워
빛이 너무 소 중 해 빛은 너무 고 마 워
9 C F C
빛 이없 는 세 상 상상할수없 지 모든세상에
빛 이없 는 세 상 상상할수없 지 모든세상에
13 G C G7
추 워 - 도 어 두 워 도 하 지 만
시 들 어 도 병 들 어 도 하 지 만
16 G7 C G C G C G C
빛 이나 면 따뜻 하 죠 빛 이나 면 환 해 지 죠
빛 을보 면 살 아 나 죠 빛 을보 면 살 수 있 죠

우리 지구

5세 누리과정
환경과 생활

작사, 작곡 미상

아 무 데 나 버 리 지 말 아 요 우 리 지 구 가 눈 물 흘 려 요
공 - 장 - 연 기 를 줄 여 요 우 리 지 구 가 눈 물 흘 려 요
아 무 데 나 버 려 진 휴 지 통 우 리 손 으 로 주 - 워 야 죠
쓰 레 기 - 버 리 지 말 아 요 우 리 손 으 로 주 - 워 야 죠
기 운 내 라 지 구 야 우 리 손 으 로 지 켜 줄 게
기 운 내 라 지 구 야 우 리 손 으 로 지 켜 줄 게
아 름 답 고 깨 끗 한 지 구 로 만 들 어 줄 게
공 - 기 가 깨 끗 한 지 구 로 만 들 어 줄 게

가을 길

5세 누리과정
봄, 여름, 가을, 겨울

김규환 작사/작곡

C F C F G C
5 C F C F C
노 랗게노 랗게 물 들었네 빨 갛게빨 갛게 물 들었네
C F C F G7 C
파 랗게파 랗게 높 은하늘 가 을 길 은 고 운 길
산 넘어들 넘어 가 는 - 길 가 을 길 은 비 단 길
Fine
13 F D G
트랄 랄랄라 트랄 랄랄라 트랄 랄랄라 라 노 래부르 며
D.S.

나는 따뜻해

5세 누리과정
봄, 여름, 가을, 겨울

이금구 작사
김수현 작곡

C F G7 C
5
C G7 C
추 운겨울와 도- 격 정없 어요 내 몸을감 싸주는 외 투가있죠
9
C F G C G C
쌩 쌩-바 람불고 꽁 꽁얼어도 나 는나 는 따 뜻 해

다장조

겨울 바람

백순진 작사/작곡

5
C G C G C
손 이시 려워 발 이시 려워 겨 울바 람때 문 에
9
C G C G C
손 이꽁 꽁꽁 발 이꽁 꽁 꽁 겨 울바 람때 - 문 에
13
G7 F C B Em
어 디서 이 바 람은 시 작됐 는 지
17
B Em D G D
산 너머 인지 바 다건 넌지 너 무너 무얄 미 워

21
C G C G C
손 이시 려워
발 이시 려워
겨 울바 람때 문
에
25
C G7 C G
손 이꽁 꽁꽁
발 이꽁 꽁꽁
겨 울바 람때 -문
에 - -

루돌프 사슴코

토니 마크스 작곡

C
G7
C
5
C
G7
루 돌 프 사 슴 코 는 매 우 반 짝 이 는 코
9
G
C
만 일 네 가 봤 다 면 불 붙 는 다 했 겠 지
13
C
G7
다 른 모 든 사 슴 들 놀 려 대 며 웃 었 네
17
G7
C
3
가 엾 은 저 루 돌 프 외 톨 이 가 되 었 네

다장조

21
F C F G C
안 개 낀 성 탄 절날 – 산 타 말 하 길
25
G D7 G
루 돌프 코 가 밝 으 니 썰 매 를 끌 어 주렴 –
29
C G
그 후 론 사 슴 들 이 그 를 매 우 사랑 했 네
33
G C
3
루 돌 프 사 슴 코 는 길 이 길 이 기억 되 리
37
G7 C

설

윤극영 작사/작곡

C F C C G7 C
5
C F G C G
까 치까 치 설 날-은 어 저께-고- 요
9
C F C C G
우 리우 리 설 날-은 오 늘 이 래 요
13
C F C G
곱 고고 운 댕 기-도 내 가들-이- 고
17
C F C G C
새 로사 온 신 발-도 내 가신-어- 요

눈

이태선 작사
박태훈 작곡

C G C F G C
5 C G7 C G7 C
펄 -펄 눈이옵니다 하 늘에 서 눈이옵니다
펄 -펄 눈이옵니다 하 늘에 서 눈이옵니다
9 F C F C
하 늘나 라 선녀님들이 송 이송 이 하 얀솜을
하 늘나 라 선녀님들이 하 얀가 루 떡 가루를
13 C G C G7 C
자 꾸자 꾸 뿌려줍니다 자 꾸자 꾸 뿌려줍니다
자 꾸자 꾸 뿌려줍니다 자 꾸자 꾸 뿌려줍니다

꼭꼭이 미아 예방송

5세 누리과정
건강과 안전

초록우산 어린이재단

멈추기! 엄마 아빠와헤-어지면 일 단 멈추세요 - 생각하기
이름과 전화번호 주 소 를 기 억 해봐 요 - 도와주세요
공 중전-화를찾 아 빨간-버튼과 1 1 2 번 눌 러요-
경 찰아-저씨에 게 도와-달라고 말 - 해 요 -

21
F
멈 추 기 -
생 각 하 기 -
B♭ F B♭ F
도 와 주 세 요 -
25
B♭
멈 추 기 -
F
생 각 하 기 -
B♭ F C
도 와 주 세 요
F
-

어디에서 왔나

5세 누리과정
세계 여러 나라

김진명 작사/작곡

F
C
F
5
F
F
C7
F
어 서 오 세 요 – 당 신 은
어 디 에 서 오 는 건 가 요
9
B♭
F
C
저 멀 리 하 와 이 에 서
바 다 건 너 왔 – 답 니 다
13
F
F
C7
F
저 멀 리 – 하 와 이 에 서
바 다 건 너 왔 다 구 요
17
B♭
F
C
F
알 로 하 알 로 하
만 나 서 반 갑 습 니 다

안전한 세상

5세 누리과정
교통기관

방은영 작사/작곡

F C F F B♭ C
길 을 건 널 땐 -
차에서내 릴 땐 -
손 을 들 고 살 펴 요
옆 을 보 고 내 려 요
5 B♭ G F C F
이 쪽 저 쪽
이 쪽 저 쪽
두 리 번 두 리 번
두 리 번 두 리 번
차 안 에 서 바 른 자 세
세 워 둔 차 뒤 에 서 는
8 B♭ F B♭ F C7 F
안 전 벨 트 매 야 죠
놀 지 않 아 요 - -
떠 들 - 지 않 고
약 속 지 킨 우 리
신 나 게 달 리 죠
행 복 하 지 요 -

숲속 마을 놀이터

3세 누리과정
동식물과 자연

김경화 작사
정애경 작곡

F C Dm C7 F B♭ C F
5 F C
숲 속 마 을 놀 이 터 에 친 구 들 아 모 여 라
9 C C7 F
라 라 라 라 노 래 하 며 친 구 들 아 모 여 라
13 F C
짹 짹 짹 짹 찌 르 찌 르 만 – 나 서 반 가 워
17 C C7 F
말 랑 말 랑 뽀 롱 뽀 롱 사 이 좋 게 놀 – 자 –

기차놀이

5세 누리과정
교통기관

방은영 작사/작곡

F C F C Dm C F C F C F
출 발 칙 칙 폭 폭 칙 칙 폭 폭 칙 칙 폭 폭 칙 칙 폭 폭 칙 칙 폭 폭 칙 칙 폭 폭
5
F C F C F
기 차가역 을 출발합니다 손 님을태우고 출발합니다
9
F C Dm C F C Dm C F
계곡을지 나 강 을 건 너 칙칙폭폭칙칙폭폭 칙 칙 폭 폭 칙 칙 폭 폭
13
F C F F F C F
기 차가역 에 도착합니다 손 님을태우고 도착합니다

바장조

어린이날 노래

윤석중 작사
윤극영 작곡

F C F
6 F C
날 아 라 새 들 아 – 푸 른 하 – 늘 – 을
우 리 가 자 라 면 – 나 라 의 – 일 – 꾼
11 F C F
달 려 라 냇 물 아 – 푸 른 벌 – 판 – 을
손 잡 고 나 가 자 – 서 로 정 – 답 – 게
16 B♭ F
오 월 은 푸 르 구 나 – 우 리 들 은 자 란 – 다
오 월 은 푸 르 구 나 – 우 리 들 은 자 란 – 다
22 F F C
오 늘 은 어 린 이 날 우 리 들 – 세 – 상 –
오 늘 은 어 린 이 날 우 리 들 – 세 – 상 –

바장조

우리나라 꽃

4세 누리과정
우리나라

박종오 작사
함이영 작곡

F
무 궁 - 화 무 궁 - 화 우 리 나 라 꽃
피 었 - 네 피 었 - 네 우 리 나 라 꽃
5
Gm F C7 F
삼 천 - 리 강 산 에 우 리 - 나 라 꽃
삼 천 - 리 강 산 에 우 리 - 나 라 꽃

얼음과자

박경종 작사
정혜옥 작곡

F C7 F
5 F
어 어 얼 음과 자 맛 이있 다 고
9 C7 F C
한 개두 개 먹 으 면 배 가 아 파 요
13 F
어 어 얼 음과 자 맛 이있 다 고

바장조

바장조

17
B♭ F C7 F
세 개네 개 먹 으면 배 가아 파 요
21
F C9 F
배 가배 가 아 파서 병 원에 가 면
25
C C7 F C7 F
우 리엄 마 이 마에 주 름이 가 요

바장조

올챙이와 개구리

윤현진 작사/작곡

F C F C F
개 울 가 - 에
올 챙 이 한 마 리
꼬 물 꼬 물
헤 엄 치 다
뒷 다 리 가 쑥
앞 다 리 가 쑥
팔 딱 팔 딱
개 구 리 됐 네
꼬 물 꼬 물
꼬 물 꼬 물
꼬 물 꼬 물
올 챙 이 가
뒷 다 리 가 쭉
앞 다 리 가 쭉
팔 딱 팔 딱
개 구 리 됐 네

괜찮아요

김성균 작사/작곡

F Bb F C C7 F
5 F Bb F C F
바 람 불 어 도 괜 찮 아 요 괜 찮 아 요 괜 찮 아 요
호 호 추 워 도 괜 찮 아 요 괜 찮 아 요 괜 찮 아 요
9 F Bb F C7 F
쌩 쌩 불 어 도 괜 찮 아 요 난 난 난 나 는 괜 찮 아 요
꽁 꽁 얼 어 도 괜 찮 아 요 난 난 난 나 는 괜 찮 아 요
13 Bb F
털 오 버 때 문 도 아 니 죠 털 장 갑 때 문 도 아 니 죠
털 모 자 때 문 도 아 니 죠 털 구 두 때 문 도 아 니 죠
17 F Bb F C7 F
씩 씩 하 니 까 괜 찮 아 요 난 난 난 나 는 괜 찮 아 요
용 감 하 니 까 괜 찮 아 요 난 난 난 나 는 괜 찮 아 요

싱그러운 여름

5세 누리과정
봄, 여름, 가을, 겨울

박은주 작사
석광희 작곡

F
C7
Dm
햇 빛 쨍 쨍- 여 름 오 후- 장 난 꾸 러 기 들 -
Bb
G
C
맑 고 푸 른- 냇 가 에 서- 물 장 구 를 치 네 -
송 사 리 잡 으 러 살 금 다 가 서 니 -
G7

17
A7 Dm D G C7
꼬 리를살랑 흔들며 멀리 달아나네 -
21
F C7 Dm B♭ G C
할아버지- 원두막에- 참외익어가는 -
25
F C7 Dm C7 F
싱그러운- 여름날이- 정말즐거워요 -

바장조

바장조

솜사탕

정근 작사
이수인 작곡

B♭ F F C F
5 F C7
나 뭇 가 지 에 실 처 럼 - 날 아 든 솜 사 탕
9 F C7 F
3
하 얀 눈 처 럼 희 고 도 - 깨 끗 한 솜 사 탕
13 B♭ F C C7
엄 마 손 잡 고 나 들 이 갈 때 먹 어 본 솜 사 탕
17 F G F C F
훅 훅 불 면 은 구 멍 이 뚫 리 는 커 다 란 솜 사 탕

유치원 황금마을

3세 누리과정
봄, 여름, 가을, 겨울

김진영 작사/작곡

F C F C7 F
5
F C F C
산 속 깊 은 동 굴 속 에 금 빛 마 을 있 - 네
은 행 나 무 흔 들 리 니 금 돈 흔 들 리 - 네
친 구 에 게 뿌 리 는 건 금 을 던 져 주 는 것
9
F C F C F
은 행 나 무 황 금 나 무 나 뭇 잎 은 황 - 금
나 뭇 잎 이 떨 어 져 서 땅 이 황 금 되 었 네
온 세 상 이 황 금 세 상 우 린 부 자 되 었 네

바장조

소리는 새콤 글은 달콤

5세 누리과정
환경과 생활

박수진 작사
김애경 작곡

Bb Eb Bb F Bb
세 상 을 아 름 답 게 꾸 며 주 는 소 리 는 무 얼 까?
세 상 을 아 름 답 게 꾸 며 주 는 소 리 는 무 얼 까?
정 다 운 소 리를 찾 - 아 - 서 글 나 라 로 여 행 가 자
정 다 운 소 리를 찾 - 아 - 서 글 나 라 로 여 행 가 자
또 닥 또 닥 할머니 의 다 듬이 소 리 칙 칙 폭 폭 추억속 의 기 차 소리
철 썩 철 썩 신비로 운 파 - 도 소 리 필 리 필 리 맑고맑 은 플 룻 소리
C7

17
B♭ E♭ B♭ E♭ C7 F
비개 인숲-속에 산새소리쪼로롱 뻐꾹-새 뻐꾹뻐꾹 노래 한다
신나 게박수치며 소리친구모여라 우리함께 글나라로 여행 가자
3
21
B♭ E♭ B♭ C7 F
소리 는새콤새콤 새콤하게 글은달콤 달콤하 게
소리 는새콤새콤 새콤하게 글은달콤 달콤하 게
25
B♭ E♭ F F7 B♭
소리찾아 떠나는 글나라여행 새콤달콤 새콤달 콤
소리찾아 떠나는 글나라여행 새콤달콤 새콤달 콤

내림나장조

즐거운 소풍길

이한숙 작사
김창수 작곡

B♭ E♭ F B♭
5 B♭ F
시냇물건 너 숲 속 오솔길따 라 서
높은산위 에 올 라 솔바람마 시 면
9 B♭ F7 B♭
발걸음가 벼 웁 게 소 풍가 는 길
산허리흰 구 름 들 둥 실떠 가 네
13 E♭ F
엄 마아 빠 손 잡고– 랄 라랄라노래부르 면
아 빠따 라 야 야호– 메 아리도야호–야 호
17 B♭ E♭ F B♭
저 산너 머 흰 구름– 어 서오라손짓합니 다
엄 마따 라 야 야호– 산 새들도따라합니 다

내림나장조

친구야 쉿!

4세 누리과정
유치원/어린이집 친구

양이슬 작사/작곡

E♭ Cm F B♭7 A♭ B♭7 E♭
5
E♭ C Fm B♭7 Cm E♭ F B♭
친 구 야 쉿! 잘 들 어 봐 저 기 들 리 는 이야 기
친 구 야 쉿! 잘 들 어 봐 계 단 을 올 라 갈 땐
친 구 야 쉿! 잘 들 어 봐 네 가 화 가 날 때 는
9
E♭ Cm7 Fm B♭7 A♭ B♭ E♭
선 생 님 이 재 미 있 는 이 야 기 들려 주신 대
한 칸 – 씩 한 칸 – 씩 올 라 – 간 단 다
한 번 – 더 생 각 하 고 말 로 해 결 하 자

예쁜 아기곰

조원경 작사/작곡

E♭ B♭ B♭7 A♭ B♭ E♭
5 E♭ B♭7 E♭ B♭
동 그 란 눈 에 까 만 작 은 코 하 얀 털 옷 을 입 은 예 쁜 아 기 곰
9 E♭ B♭ A♭ B♭ E♭
언 제 나 너 를 바 라 보 면 서 작 은 소 망 얘 기 하 - 지
13 A♭ B♭ E♭ B♭ Cm
너 의 곁 에 있 으 면 나 는 행 복 해
17 Fm B♭7 E♭ A♭ E♭
어 떤 비 밀 이 라 도 말 할 수 있 어

21
A♭ B♭7 E♭ Cm
까 만작은코 - 에 입 을 맞 추 면
25
A♭ B♭7 E♭ B♭ E♭
3 3
수줍어 - 얼굴을 붉히는 예 쁜 아 기 곰

내 동생

조운파 작사
최종혁 작곡

5
E♭
B♭
E♭
내 동 생 곱 슬머 리 개 구장 이내 동 생
내 동 생 곱 슬머 리 개 구장 이내 동 생
9
E♭
B♭
B♭7
E♭
이 름 은 하 나인 데 별 명 은서 너 개
이 름 은 하 나인 데 별 명 은서 너 개
13
A♭
E♭
A♭
E♭
엄 마 가부 를때 는 꿀 돼 지 아 빠 가부 를때 는 두 꺼 비
잘 먹 고건 강하 게 꿀 돼 지 착 하 고복 스럽 게 두 꺼 비

내림마장조

17
B♭7
B♭
누 -나 가부 를때 는 왕 자 님 -
용 감하 고슬 기롭 게 왕 자 님 -
21
E♭
B♭7
E♭
어 떤 게 진 짜인 지 몰 라몰 라 몰 라
어 떤 게 진 짜인 지 몰 라몰 라 몰 라

내림마장조

당신은 누구십니까

3세 누리과정
생활도구

외국곡

G D7 G
당 신 - 은 누 구 십 니 까 나 - 는
4
D7 G D G
숟 - 가 - 락 그 이 - 름 쓸 모 있 군 요

유치원에서

4세 누리과정
동식물과 자연

김진영 작사/작곡

G C G C G
5
G C G C Am7 D
나 는유 치원 에 서 블럭놀이가 좋 -더 라 -
나 는유 치원 에 서 미술놀이가 좋 -더 라 -
9
G C G C Am C
블럭으 로 집 을만 들 면 정 말 재 밌더 라 -
점-토 로 만 들기 하 면 정 말 멋 있더 라 -

사장조

너와 함께라면

5세 누리과정
유치원과 친구

방은영 작사/작곡

G C
6 G D7 G
10 G C
친 구 야 너 와 함 께 라 면 – 난 –
15 D7 G
항 상 즐 거 워 – 친 구
19 G C
야 너 와 함 께 라 면 – 난
23 G D7 G
항 상 행 복 해

사장조

27
C
G
다 툴 때 도 있 고
웃 을 때 도 있 고
31
D
A7
D
울 때 도 있 지 만
친 구
35
G
C
야 너 와 함 께 라 면 – 난 –
39
D
G
항 상 즐 거 워 –
친 구
43
C
야 너 와 함 께 라 면 – 난
47
G
D7
G
항 상 행 복 해

어린이 아리랑

5세 누리과정
우리나라

조윤미 개사
경기도 민요

G Em C G
5
G C7 G
아 - 리랑 - 아 - 리랑 - 아 라 - 리 - 요 - - - -
9
G Em C G
아 - 리랑 - 고 - 개 - 로 - 넘 - 어간 다 -
13
Bm7 G Em D7
꼬 불 꼬 - 불 고 개 - 넘 - 어 - - - -

사장조

17
G C♯7 G C G
울 - 엄마 - 계 - 시 - 는 - 집 - 에간 다 -
진 - 달래 - 곱 - 게 - 핀 - 산 - 에간 다 -
감 - 자밭 - 일 - 구 - 러 - 밭 - 에간 다 -
흰 - 파도 - 춤 - 추 - 는 - 바 - 다간 다 -
갈 - 매기 - 부 - 르 - 는 - 바 - 다간 다 -
단 - 풍잎 - 물 - 들 - 은 - 산 - 에간 다 -
황 - 금빛 - 벼 - 익 - 은 - 산 - 에간 다 -
신 - 나는 - 눈 - 썰 - 매 - 타 - 러간 다 -
얼 - 음밭 - 스 - 케 - 이트 - 잘 - 지친 다 -

사장조

우리 모두 다 같이

4세 누리과정
건강과 안전

외국곡

G D G
6 G D
우 리 모 두 다 같 이 세 수 해 우 리
우 리 모 두 다 같 이 양 치 해 우 리
우 리 모 두 다 같 이 옷 입 어 우 리
9 D G C
모 두 다 같 이 세 수 해 우 리 모 두 다 같 이 즐 거
모 두 다 같 이 양 치 해 우 리 모 두 다 같 이 즐 거
모 두 다 같 이 옷 입 어 우 리 모 두 다 같 이 즐 거
12 G D G
웁 게 노 래 해 우 리 모 두 다 같 이 세 수 해
웁 게 노 래 해 우 리 모 두 다 같 이 양 치 해
웁 게 노 래 해 우 리 모 두 다 같 이 옷 입 어

사장조

숲속의 음악가

이요섭 작사
독일민요

G D G D G D G
6 G D G D G D
나 는 숲 속 의 음 악 가 조 그 만 다 람
10 G D C D G D
쥐 아 주 익 숙 한 솜 씨 로 바 이 올 린 켜 지
14 G D G
요 찌 가 진 짠 짠 찌 가 진 짠 짠 찌 가 진 짠 짠 찌 가
18 D G D G
진 짠 짠 참 잘 도 하 지 요

사장조

기차를 타고

김옥순 작사
김태호 작곡

G Bm C D7 G
5 G Bm C D
기 - 차 타 고 신 - 나 게 달 - 려 가 보 자
기 - 차 타 고 신 - 나 게 달 - 려 가 보 자
9 D7 G
높 - 은 산 도 지 - 나 고 넓 은 들 도 지 나 고
높 - 은 산 도 지 - 나 고 넓 은 들 도 지 나 고
13 C G D
푸 - 른 산 을 지 날 땐- 산 - 새 를 찾 고
따 - - 뜻 한 마 음 을- 서 - 로 나 누 면

17
C G A D7
넓 -은바다 지 날 땐- 물 -새와놀 고
처 -음만난 옆 사 람도 정 -다운이 웃
21
G Bm C D
설 -레임을 가 득 안고 달 -려가보 자
즐 -거움을 가 득 안고 달 -려가보 자
25
D7 D D7 G
새 - -로운 세 - 상이 자 꾸자꾸 보인 다
아 -름다운 세 - 상이 자 꾸자꾸 보인 다

과수원길

박화목 작사
김공선 작곡

G D G
5 G D7
동 구밖 과 수 원 길 아 카 시 아 꽃 이 활 짝 폈 네 –
9 G C D D7 G
하 야 얀 꽃 이 – 파 리 눈 송 이 처 럼 날 – 리 네 –
13 D G A D
향 긋 한 꽃 냄 새 가 실 바 람 타 고 솔 솔 –

사장조

17
G
D
둘 이 서 말 이 없 네 얼 굴 마 주 보 며 쌩 끗 –
21
G
D
G
아 카시아꽃 하 얗 게 핀 먼 옛 날 의 과 수 원 길 –
25
G
D7
G
과 수 원 길 –

사장조

하늘나라 동화

이강산 작사/작곡

G B7 C D D7 G
5 G B7 C A7 D D7
동 산 위 에 올 라 서 서 파 란 하 늘 바 라 보 며 –
동 산 위 에 올 라 서 서 파 란 하 늘 바 라 보 며 –
9 G B7 C D D7 G
천 사 얼 굴 선 녀 얼 굴 마 음속 에 그 려봅 니 다 –
천 사 얼 굴 선 녀 얼 굴 마 음속 에 그 려봅 니 다 –
13 C G G A7 D D7
하 늘 끝 까 지 올 라 – 실바 람 을 끌 어 안 고 – 날개
하 늘 끝 까 지 올 라 – 실바 람 을 끌 어 안 고 – 아름
17 G B Em Am D G
달 린 천 사 들 과 – 속삭 이 고 싶 어 라 –
다 운 천 사 들 과 – 뛰어 놀 고 싶 어 라 –

사장조

화가

이강산 작사/작곡

G B C Am D7 G
6 G B C Am A D
맑 게 개 인 공 원 에 서 - 턱 수 염 난 화 가 아 저 씨 - 새
11 G D D G
가 훨훨날 아 가 고 - 꽃 들 이 웃 고있는모 습 을 - 랄
15 C G A7 D
랄 랄 랄 라 랄랄 랄 랄 랄 라 콧 노 래 를 불 러 가 며 - 어
19 G B7 Em Am D7 G
여 쁘게 그 리 고 있 있 이 요 밝 고 푸 른 동 심 을 -

사장조

애국가(1)

4세 누리과정
우리나라

안익태 작곡

동 해 물과 백 두 산 이 마 르고닳 도 록
하 느님 이 보 우 - 하 사 우 리 나라만 세
무 - 궁 화 삼 - 천 리 화 려 강 - 산
대 한사 람 대 한 - 으 로 길 이 보존하 세

애국가(2)

안익태 작사/작곡

동 해 물 과 백 두 산 이 마 르 고 닳 도 록
남 산 위 에 저 소 나 무 철 갑 을 두 른 듯
가 을 하 늘 공 활 한 데 높 고 구 름 없 이
이 기 상 과 이 맘 으 로 충 성 을 다 하 여
하 느 님 이 보 우 - 하 사 우 리 나 라 만 세
바 람 서 리 불 변 - 함 은 우 리 기 상 일 세
밝 은 달 은 우 리 - 가 슴 일 편 단 심 일 세
괴 로 우 나 즐 거 - 우 나 나 라 사 랑 일 세
무 - 궁 화 삼 - 천 리 화 려 강 - 산
(후렴) 대 한 사 람 대 한 - 으 로 길 이 보 전 하 세

사장조

세발자전거

3세 누리과정
건강과 안전

윤석중 작사
윤용하 작곡

D A D A
때 릉 때 릉 때 릉 세 발 자 전 거
5 D A D
앞 에 하 나 뒤 에 둘 바 퀴 삼 형 제
9 D A
때 릉 때 릉 때 릉 때 릉 때 릉 때 릉
13 D B D A7 3 D
앞 바 퀴 는 언 니 바 퀴 뒷 바 퀴 는 아 우 바 퀴

내 몸

4세 누리과정
나와 가족

강인자 작사
김명옥 작곡

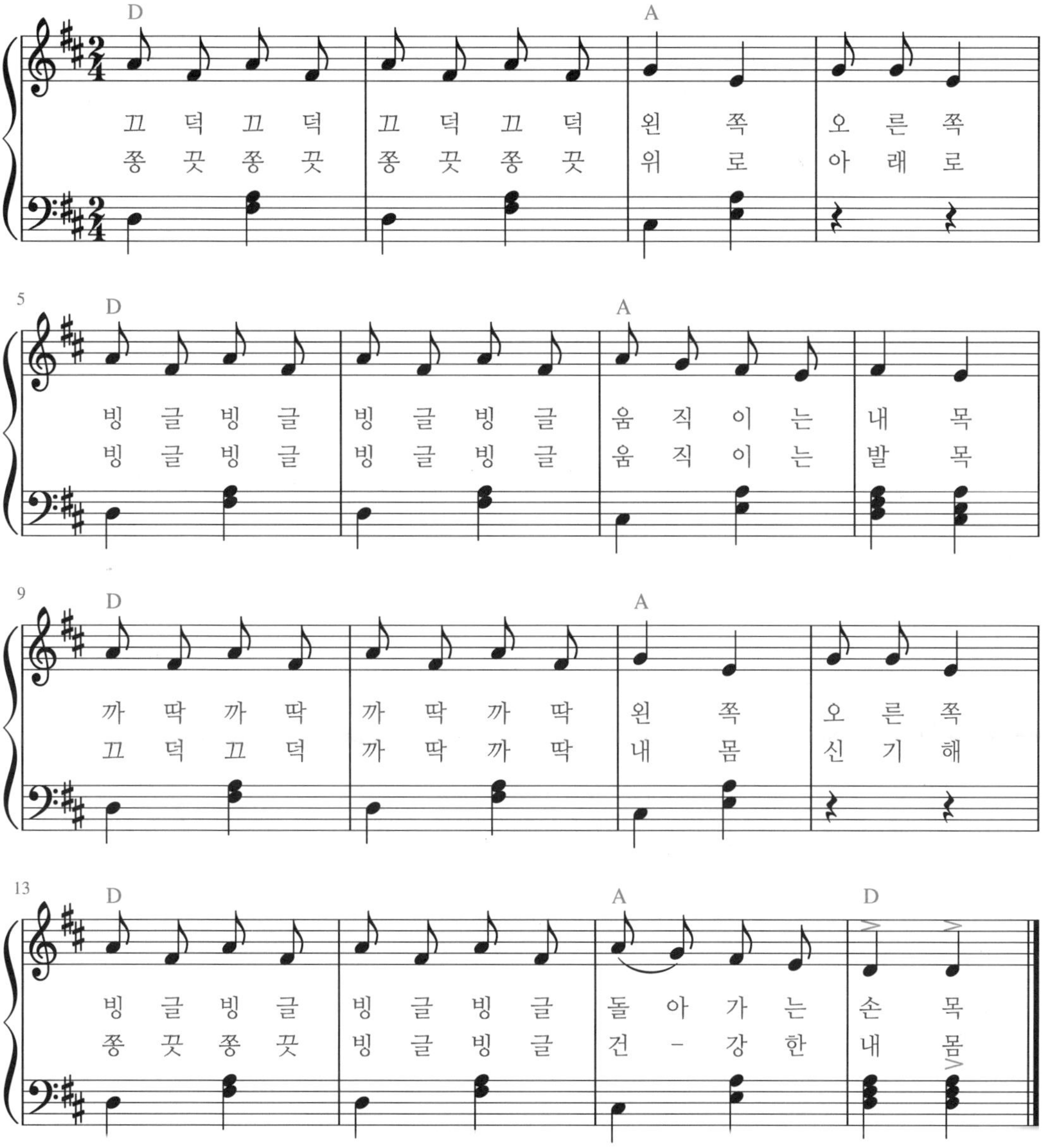
D
A
끄 덕 끄 덕 끄 덕 끄 덕 왼 쪽 오 른 쪽
쫑 긋 쫑 긋 쫑 긋 쫑 긋 위 로 아 래 로
5
D
A
빙 글 빙 글 빙 글 빙 글 움 직 이 는 내 목
빙 글 빙 글 빙 글 빙 글 움 직 이 는 발 목
9
D
A
까 딱 까 딱 까 딱 까 딱 왼 쪽 오 른 쪽
끄 덕 끄 덕 까 딱 까 딱 내 몸 신 기 해
13
D
A
D
빙 글 빙 글 빙 글 빙 글 돌 아 가 는 손 목
쫑 긋 쫑 긋 빙 글 빙 글 건 - 강 한 내 몸

멋쟁이 토마토

김영광 작사/작곡

5
D
A
D
울 퉁 불 퉁 멋 진 몸 매 에
빠 알 간 옷 을 입 고
9
D
A
D
새 콤 달 콤 향 내 풍 기 는
멋 쟁 이 토 마 토 토 마 토
13
G
D
나 는 야 주 스 될 거 야
나 는 야 케 첩 될 거 야

라장조

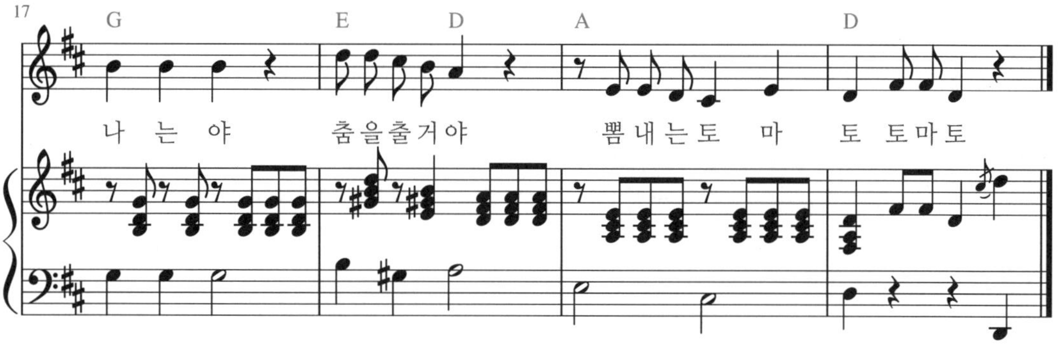
17
G
E D
A
D
나 는 야 춤을출거야 뽐내는토 마 토 토마토

조금 더 다가가서

김성균 작사/작곡

A D A D
5 D A
아 -무 도 없는것같은 조 -용 한 시냇 가에
9 D G
조 그맣 고귀여 운 송사 리한마리 쪼로로로로로로롱
12 A D A D
헤엄치기에 조금 더다 가가서 쳐다보려했더니

15
G
A
D
깜 짝 놀 라 쪼로로로롱 달 아-납 니 다

노을

이동진 작사
최현규 작곡

A D A E A
5 A E
바 -람이머 물다간 들 판 에 모 락모락피 어나는
8 A D
저 녁 연 기 색 -동옷갈 아입은 가 을언덕에
11 A E A D
빨 갛 게 노 을 이 타 고있어요 허수아 비 팔 벌려

14
A D A
웃 음 짓 고 초 가 지 붕 둥 근 박 꿈 – 꿀 – 때
17
D A B
고 개숙인논 밭의 열 매 노 랗 게 익 어만가
20
E A
는 – 가 을바람머 물다간 들 판 에
23
E A
모 락모락피 어나는저 녁 연 기 색 –동옷갈 아입은
26
D A
가 을언덕에 붉 – 게 물 든 어 타 는저녁놀

송편

3세 누리과정
우리나라

박상운 작사/작곡

♩= 120
E A E B
E B
쌀 쌀 쌀 을곱 게 빻 아 서 말 랑말 랑말 랑말 랑 반 죽 해
E A E B E
동 글 동 글동 글 굴 리 다 콩 쏙 쏙깨 쏙 쏙 넣 었 지
E B
내 가 만 든송 편 맛 있 어 모 양 은우 글쭈 글 미 워 도
E A E B E
햇 솔 잎 에폭 폭 쪄 내 면 콩 송 편깨 송 편 모 두맛 있어 -

개구리

전래동요

개 굴개 굴-개 구리
너희 집-이어 디냐
미 나 리 밭이내 집 이 다

남생아 놀아라

전래동요

남 생아 놀 아라
촐래 촐 래 가 잘 논다
남 생 아 놀 아라
촐 래 촐 래 가 잘 논 다
토 끼 야 놀 아라
깡 총 깡 총 이 잘 논 다
강 아 지 놀 아라
폴 짝 폴 짝 이 잘 논 다
고 양 이 놀 아라
사 뿐 사 뿐 이 잘 논 다
토끼 강아지 놀 아라
깡 총 폴 짝 이 잘 논 다
강아지고양이 놀 아라
폴 짝 사 뿐 이 잘 논 다
집 짐 승 놀 아라
다 - 같 - 이 잘 논 다

김치 김서방

전래동요

김 치 김 서 방
김 치 김 서 방
어 디 에 서 왔 - 나
배 추 밭 에 서 왔 지
어 디 어 디 사 - 나
항 아 리 에 서 살 지
누 구 하 고 사 - 나
고 추 하 고 살 - 지

가단조

자장가

전래동요

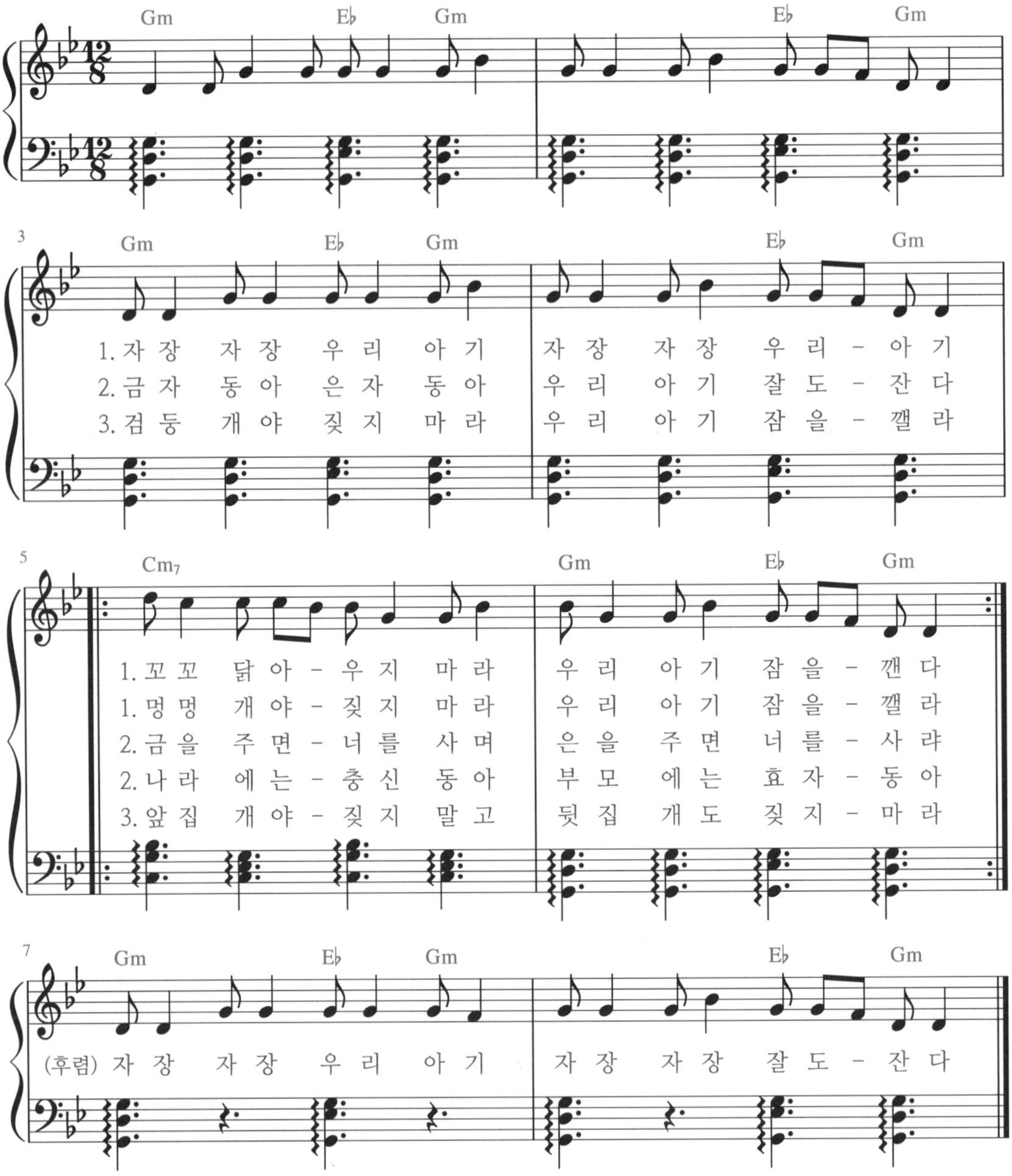

Gm Eb Gm Eb Gm
3
Gm Eb Gm Eb Gm
1. 자 장 자 장 우 리 아 기 자 장 자 장 우 리 - 아 기
2. 금 자 동 아 은 자 동 아 우 리 아 기 잘 도 - 잔 다
3. 검 둥 개 야 짖 지 마 라 우 리 아 기 잠 을 - 깰 라
5
Cm7 Gm Eb Gm
1. 꼬 꼬 닭 아 - 우 지 마 라 우 리 아 기 잠 을 - 깬 다
1. 멍 멍 개 야 - 짖 지 마 라 우 리 아 기 잠 을 - 깰 라
2. 금 을 주 면 - 너 를 사 며 은 을 주 면 너 를 - 사 랴
2. 나 라 에 는 - 충 신 동 아 부 모 에 는 효 자 - 동 아
3. 앞 집 개 야 - 짖 지 말 고 뒷 집 개 도 짖 지 - 마 라
7
Gm Eb Gm Eb Gm
(후렴) 자 장 자 장 우 리 아 기 자 장 자 장 잘 도 - 잔 다

사단조

| 저자 약력 |

박주원

현) 신한대학교 유아교육과 교수
신한대학교 공공기숙사 관장
교육부 인성교육진흥위원회 위원
R&R 뮤직앙상블 회장
한국 리스트 협회 이사
한국 피아노 재능기부협회 이사

프랑스 파리 에꼴노르말 음악원 졸업
프랑스 파리 국제음악원 최고연주자과정 졸업
숙명여자대학교 음악대학 및 동 대학원 졸업
프랑스 Saint-Nom-la-Bretéche 피아노 콩쿨 2위 입상

전) 신흥대학교 실용음악과 교수
김천대학교 음악과 교수
서울음악교육회 회장

유아교사를 위한
쉽고 재미있는
유아동요반주법

2018년 2월 20일 1판 1쇄 인 쇄
2018년 2월 27일 1판 1쇄 발 행

지 은 이 : 박 주 원
펴 낸 이 : 박 정 태

펴 낸 곳 : **광 문 각**

10881
파주시 파주출판문화도시 광인사길 161
광문각 B/D 4층
등 록 : 1991. 5. 31 제12-484호
전 화(代) : 031-955-8787
팩 스 : 031-955-3730
E-mail : kwangmk7@hanmail.net
홈페이지 : www.kwangmoonkag.co.kr

ISBN : 978-89-7093-874-5 93370

값 : 22,000원

Flash on KOMCA 한국음악저작권협회 출판 002704292

한국과학기술출판협회
Korean Science & Technology Publisher Association